寻找经济最优解

魏尚进 / 著

东方出版中心有限公司

图书在版编目（CIP）数据

寻找经济最优解 / 魏尚进著. 一上海：东方出版中心, 2021.6

ISBN 978-7-5473-1843-0

Ⅰ. ①寻… Ⅱ. ①魏… Ⅲ. ①经济学 Ⅳ. ①F0

中国版本图书馆CIP数据核字（2021）第109548号

寻找经济最优解

著　　者　魏尚进
策　　划　李　琳
责任编辑　李　琳
封面设计　青研工作室

出版发行　东方出版中心有限公司
地　　址　上海市仙霞路345号
邮政编码　200336
电　　话　021-62417400
印 刷 者　山东韵杰文化科技有限公司

开　　本　890mm × 1240mm　1/32
印　　张　7.875
字　　数　140千字
版　　次　2021年6月第1版
印　　次　2021年6月第1次印刷
定　　价　68.00元

李实

浙江大学文科资深教授、北京师范大学中国收入分配研究院执行院长

陆铭

上海交通大学安泰经济与管理学院特聘教授、上海交通大学中国发展研究院执行院长

阿迪特雅·马度（Aaditya Mattoo）

世界银行东亚和太平洋地区首席经济学家

尼基尔·帕特尔（Nikhil Patel）

国际清算银行经济学家

彭文生

复旦大学泛海国际金融学院学术访问实践教授、中国国际金融股份有限公司首席经济学家、研究部负责人

杰弗里·萨克斯（Jeffrey D. Sachs）

著名经济学家、多任联合国秘书长顾问，哥伦比亚大学教授兼可持续发展中心主任

谭之博

国际货币基金组织经济学家

夏乐

西班牙对外银行亚洲首席经济学家

徐远

北京大学国家发展研究院金融学教授、博士生导师

杨国华

清华大学法学院教授、WTO 上诉仲裁员、中国法学会 WTO 法研究会常务副会长

致谢

（按研究者或嘉宾姓氏拼音或英文首字母顺序排列）

陈志武

香港大学冯氏讲席教授、耶鲁大学前金融学教授

杜清源

澳大利亚莫纳什大学资深讲师

甘犁

美国得克萨斯农工大学终身讲席教授、西南财经大学中国家庭金融调查与研究中心主任

金中夏

国际货币基金组织中国执行董事、中国人民银行金融研究所原所长

鞠建东

教育部长江学者特聘教授、清华大学五道口金融学院紫光讲席教授

黎麟祥

香港科技大学经济发展中心主任、经济系教授

余淼杰

教育部长江学者特聘教授、北京大学国家发展研究院党委书记、副院长

余心玎

北京对外经济贸易大学国际经济贸易学院经济学副教授

翟永平

亚洲开发银行能源部门总监

张晓波

北京大学国家发展研究院经济学教授、博士生导师

张中祥

天津大学马寅初经济学院创院院长、卓越教授

序

经济全球化、科技进步与社会进步都并非不可逆。在推动全球化或是科技进步的过程中，如果把蛋糕做大了，但分配不公平，甚至使一些国家或人群的蛋糕份额变小了，那么有反弹是正常的。

任何把蛋糕做大的事情，原则上都存在一种制度安排或分配方案，可以让每一个人都受益，或者至少大多数人受益，而同时无人受损。但在真实的经济社会中，许多可以把蛋糕做大的事情却推不下去。比如在美国或印度，许多基础建设项目大概率可以把蛋糕做大，但最受益群体的一部分人不愿意与其他群体共享增量，结果在某些团体强烈反对下项目就做不下去了；拉美国家由于无法保证贸易开放的蛋糕增量可以公平分配，于是在实行贸易开放前就遇到强烈阻碍，因噎废食。又比如许多国际经济秩序中的改革，包括 WTO 的改革，并非是零和游戏，而是可以把整个世界的蛋糕做大。这类事情不能顺利达成，反映出制度安排的欠缺。而要解决这类问题，既需要理清问题的逻辑，也需要有创造性的制度安排。不仅要事先设计好让蛋糕增量合适分配的方案，而且更重要的是设计一个在增量发生以后相对强势的得益方不能反悔或赖账的机制。

本书的许多章节就是用这个视角来观察中国国内的改革、美国或其他国家国内的改革以及国际经济关系里的改革，区分哪些属于可以把蛋糕做大的事情，哪些是在蛋糕总量不变前提下的利益再分配。对那些可以把蛋糕做大却做不下去的事情，需要思考阻力在哪里、怎么把相关逻辑理清、是否可以找到办法让事后受益者在事前就作出承诺并无法反悔，在蛋糕增量发生后帮助相对弱势的国家或人群也从中受益。

有些人认为经济学只强调效率而忽略社会公平或类似于气候变化的其他社会目标。这是对经济学狭隘的认识。经济学最重要的思维方式就是认识到在资源总量有限的约束条件下找最优解，其目标函数可以涵盖社会公平与人类长期生存。

经济学的思维方式会提醒我们，大多数社会问题的解决方案都会牵涉到取舍：如果要在这个维度上多实现一点，往往在另一个维度上就需要放弃一点。经济学思维还会让我们认识到，有些政策或变革的间接作用与其直接作用的方向相反，造成的总体效应与直接效应相差甚远。本书不同的章节论述的具体问题看似相去甚远，但细心的读者会发现经济学思维的基本特色其实贯穿始终。

本书部分章节是我个人的思考，也有部分章节是基于与诸多合作者共同的研究而提炼出来的思想。我这里特别感谢张晓波、邓永恒、刘欣、鞠建东、施康、余心玎、韩雪辉、杜清源、谭之博、Nihkil Patel 等学者们的合作研究。本书还有不少章节源自我主持的“复旦金融公开课”系列的对谈，这里我要感谢 Jeffrey D. Sachs、Aaditya Mattoo、陈志武、金中夏、彭文生、李实、甘犁、鞠建东、余淼杰、陆铭、徐远、夏乐、黎麟祥、杨国华、翟永平、张中祥等作为嘉宾参与思想的碰撞。

本书的编译与出版得益于潘琦老师的构思与推动。可以说没有她的努力，也不会有这本书，在此特别致谢。另外，张静老师也参与了本书的编辑，丁璐老师负责“复旦金融公开课”的全部安排，尽心尽责，在这里一并感谢。

本书的观点如果有失偏颇，我自负全责。希望我的思考可以对您有所启发。

魏尚进

2021 年 5 月 1 日

目 录

1 世界不可怕

2 高水平开放

3 中美新竞合

4 大国新担当

5

韧性助发展

6

金融与社会

1 · 世界不可怕

2 · 高水平开放

3 · 中美新竞合

4 · 大国新担当

5 · 韧性助发展

6 · 金融与社会

全球化创造的输家多于赢家吗

全球化的反对者不断指出贸易开放对不同人群的影响不均衡。尽管贸易自由化能够将整体经济的蛋糕做大，但并非所有人都能分得更大的份额，许多人会因为来自外国制造商品的竞争而得到比以前小得多的份额。这些担忧可以部分解释为何许多美国蓝领工人在2016年美国总统大选中投票支持唐纳德·特朗普，以及为何法国农民和工人动辄就进行反全球化的示威活动。

但我们不应夸大这一逻辑的重要性与普及性。事实上，在许多社会中还有另外三种固有的反全球化偏见在起作用，它们常常误导公共政策，让雇主和工人都得不到好处。

首先，尽管全球化创造的赢家往往多于输家，哪怕在政府实施再分配计划之前也是如此，但许多赢家却误以为自己是输家，因为他们没有认识到全球化带来的巨大的间接收益。

以美国从中国的进口为例。许多人常说，与中国进口商品竞争最为直接的美国行业或地区往往表现不佳，因为这些进口造成了美国的就业岗位流失。但我的合作者和我在研究中强调，以2000年至2014年期间的数据做统计分析，可以看到使用相对较多中国制造中间产品（如计算机和其他电子设备、家具和实验服）的美国行业往往经历了更快的就业增长和更大的实际工资增幅。[1] 但是，全球化反对者常常不理解或忽视这类情况。

此外，部分美国制造业就业岗位因为进口中国商品而流失的同时，美国规模大得多的服务业（以及许多制造业企业）都受益于中国制造的廉价零部件。美国只有不到五分之一的就业岗位属于制造业，而服务业约占就业的四分之三——所有美国的州和大多数的城市都是如此。

因此，我们估算，如果把中美贸易的总体影响考虑在内，四分之三的美国工人的实际工资有所增长。而如果只关注直接竞争影响，大部分工人的实际工资看起来有所下降。换句话说，即便不考虑将雇主的部分收益转移给工人的再分配，美国绝大部分劳动力也从对华贸易中获益，工人作为一个群体获得的总收益也为正。

然而，尽管大部分美国人能够理解中国进口商品对就业和工资的直接影响，他们却不理解其中正面积极的间接影响。这不足为奇。当一家美国企业裁员时，人事经理会说："对不起，我们不得不让你离开，但你应该责怪我们国家从中国大量进口商品夺了你的饭碗。"许多美国媒体也在反复强化这一观念。但我们的分析

---

[1] https://www.nber.org/papers/w24886.

表明，美国不同行业的就业扩张也受益于对华贸易。

另一方面，当一家美国企业雇用新员工——他们的工资往往高于在夕阳产业中得到的工资——企业老板不大可能说，“恭喜你，你应该感谢中国进口的中间产品让你得到了新工作”，相反，他们更有可能会说“你得到了这份工作是因为我是一个了不起的企业家”。这种不对称的认知与宣传是造成反全球化偏见的内在原因之一。

这种偏见的第二个来源是公共话语的不对称。技术、教育和全球化都推动了就业市场的洗牌，对个人的收入与就业产生影响。但各国政客和媒体常常发现，将社会难题的责任推到外国企业或政府身上，比归咎于技术进步、公共教育体系的失败、家庭教养不足和个人努力不足更加方便。毕竟，教师和家长手里有选票，科技企业赞助了选战。相比之下，外国人两样都不沾。

最后，反全球化政策背后的受益者也推波助澜了反全球化偏见。从贸易壁垒中获利的公司和个人有强烈的动机组织起来，为这些措施游说。相反，大部分因为贸易保护主义而失败的人，要么没有花足够的时间和精力去理解这些问题，要么因为缺少资源去游说改善公共政策。

这三个偏见源头表明，社会很可能轻率地采取伤及大多数人的反全球化措施。事实上，大部分国家都存在经济开放壁垒，仔细研究不难发现，这些壁垒有损于公民的福祉。

社会需要更好地分配全球化和新技术带来的收益，但还必须在其他两个领域做好进一步的工作。

高质量的研究和媒体报道有助于公民更好地理解开放贸易的间接和直接影响。此外，更好的教育体系和更多的个人努力能够提高劳动者的技能，提升他们的能力，从而抓住源自科技进步和全球化的机会。

全球化争论常常与狭隘民族主义、利己主义和缺乏经济理解力有关，其结果就是公共政策被误导、被绑架。纠正讨论中的负面偏见可以使公共政策更加开明。

如何重振世贸组织

2019 年 12 月 11 日是中国加入世界贸易组织（WTO，以下简称“世贸组织”）18 周年纪念日，同时也标志着一个时代的开始——从此世贸组织不再拥有一个正常运转的上诉机构来裁定成员国之间的贸易争端。上诉机构停摆引发的后果已经显现。从 2019 年 12 月开始，所有上诉到机构的案件全部停止受理，多边贸易体系和争端解决机制受到破坏。那么世贸组织为什么会面临瘫痪？还有机会在为时已晚之前复苏吗？

在 2001 年中国加入世界贸易组织之前，许多人担心给予中国成员资格会令世贸组织走向自我毁灭，主要的担心有三点：第一，中国可能大肆违反世贸组织规则，导致针对中国的上诉案件激增，从而超出由七名法官组成的上诉机构的受理能力；第二，中国可能会通过对其他国家提起大量吹毛求疵的上诉案来表达自身不忿，这也会超出世贸组织的受理能力；第三，中国可能会无视世贸组织对其做出的任何裁决，从而损害该体系的信誉和效用。

然而上述三种情况都未发生。自2001年年底起[1]，提请世贸组织裁决的349宗贸易争端中，以中国作被告的仅有44宗，占案件总数的12.6%，与2018年中国在全球出口中所占的12.8%份额大致相符。而该数字要少于同期起诉美国的99宗和起诉欧盟的52宗（见图1-1）。中国没有铺天盖地被告违反规则的重要原因之一在于中国一直遵守入世协定条款，不断减少关税和非关税贸易壁垒，并放宽投资限制。

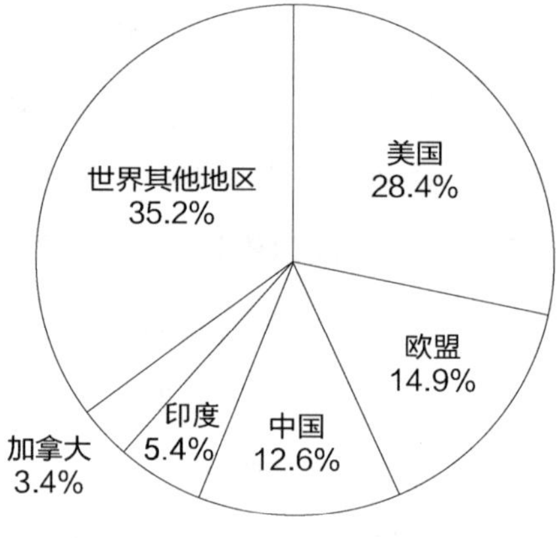

图1-1　WTO贸易争端案件分布：全球前5大被诉方

[1]　统计截止至2019年11月15日。

同样，中国也并没有成为一个过于激进的上诉方。2001 年 12 月以来，中国一共向世贸组织提交了 21 宗上诉案，仅占上诉案件总数的6%，远低于其2018 年在全球进口中所占的10.8%份额。引人注目的是，这一数字也大大低于美国和欧盟分别提交的 55 宗和 46 宗（见图 1－2）。

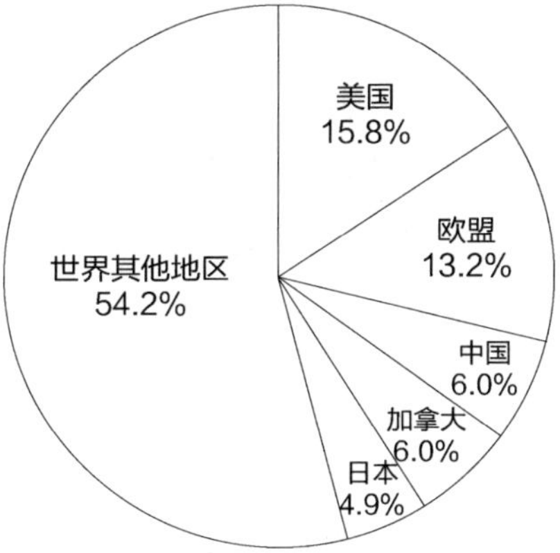

图 1－2　WTO 贸易争端案件分布：全球前 5 大诉讼发起方

全球经济中的大国一般都没能完全遵守世贸组织的裁定。但是自 2001 年以来，起诉中国的 44 宗案件中，其他国家不得不再次求助世贸组织、以确保中国更好履行裁决的案件仅 2 宗，而同期针对美国的 99 宗案件中却有 15 宗要再次上诉。

世贸组织允许各个成员国在一定规则下利用自身国家制度来执行贸易规则，尤其在补贴和倾销（以低于成本价出售）方面。这可以广义地解释为全球贸易规则框架的一部分。借助 2017 年的数据，我们发现，所有世贸组织成员国对出口国提出的反倾销和反补贴案件数量（每千亿美元出口平均被诉次数的对数值见图 1－3 纵轴）会随着出口国收入水平的提高（由图 1－3 横轴上的对数人均 GDP 显示）而下降。

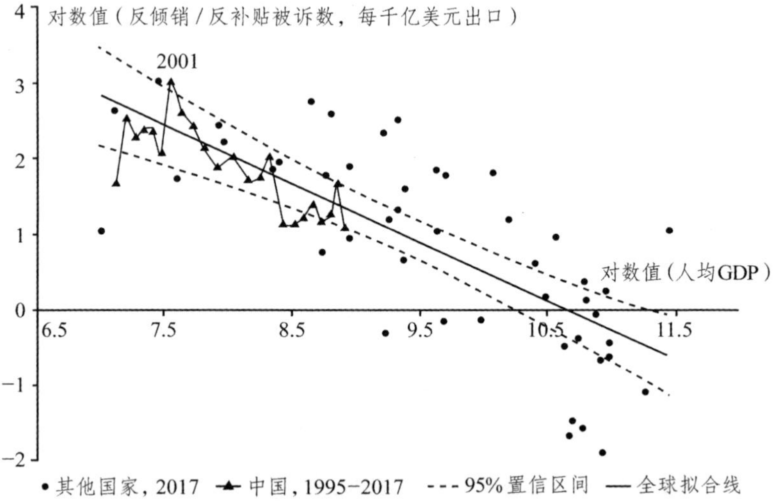

图 1－3　反倾销、反垄断案件数量与出口国收入水平

图 1－3 中的每个圆点都代表一个世贸组织成员经济体，实线代表国际平均值（参照除中国之外的所有成员经济体绘制）。由此展现的数据特征非常清晰：随着一个国家变得更加富裕，针对它的反补贴或反倾销案件也越来越少。这可能是因为较富裕的国家会更加遵守规则，或者因为劳动力成本上升、惹来投诉的概率更小，又或是这两项因素的结合。

在这种国际普遍规律下，我们可以检验其他国家是否认为中国带来了特别头痛的问题。为此，我们将1995—2017年间所有其他世贸组织成员对中国出口商提出的反倾销/反补贴案件总数（相对于中国出口量）叠加在同一张图表上。自从中国于2001年入世以来，此类案件与出口数量的比例随着中国收入的增加而下降，也与国际平均经验所预测的情况相吻合。换句话说，跨国比较数据表明，中国的贸易行为与其他世贸组织成员国相比并未带来什么特别的问题（当然中国的体量意味着针对中国上诉案的绝对数量较大）。

从世贸组织创始之刻一直到最近，从未有人想过美国这个世贸组织规则的主要制定者会选择废除其上诉机构。但这场戏已经上演。2017年以来，随着世贸组织的几位在任法官四年任期陆续结束，美国全面系统地否决了其他国家提名的所有继任者，而这样做的目的是想让该体系陷入停摆，直到其他国家同意按照美国的意愿再次更改规则。

任何世贸组织争端的最后仲裁小组都需要至少配备三名法官。因此，随着上诉机构余下的三名法官中的两名已于2019年12月10日卸任，其"最高法院"现已名存实亡。

自1995年世贸组织成立以来，全球GDP已经累计增长了近250%，而全球贸易额则增长了约270%。一个专业且客观公正的国家间贸易争端裁决程序是这一成功的关键。因为在双边或区域贸易谈判中，大国总会比小国拥有更强的议价能力，世贸组织的贸易争端解决程序营造的公平竞争环境对为数众多的中、小成员国尤其重要。

重振世贸组织就难免要改变其游戏规则。今后也许应该采用通过多数或绝对多数投票去任命上诉机构法官，从而让任何一个国家都不能单方面阻止候选人的任命。此外，根据贸易量的增长，该机构或可扩容为15名法官并延长其任期，也可以暂时延长最后三名法官的任期。

不过，仅有这些措施还不够。与时俱进地改进世贸组织在国有企业、政府采购、反倾销案件和数字贸易方面的规则也符合美国、中国以及其他国家的利益。但无论这些国家希望进行何种改革，扼杀该组织的争端解决体系都不是解决方案。

不存在“中等收入陷阱”

2006年世界银行首次提出“中等收入陷阱”（Middle Income Trap）这一概念，此后学界还对马来西亚及越南是否会陷入“中等收入陷阱”进行了探讨。这个假说也因此流行开来，但并没有清晰标准的定义。

一种说法是，一个国家一旦进入中等收入国家之列后就会停滞不前，成为像美国这样的高收入国家的可能性极低；另一种说法是，从低收入国家迈入中等收入国家之列比较简单，但是从中等收入国家成长为高收入国家则要难得多。

我与韩雪辉[1]将所有经济体按照1960—2011年的经济总体增长表现划分为五个类型，分别是极低收入、低收入、中等收入、中高等收入及高收入国家。数据统计发现，所有在20世纪60年代被划分为中等收入组别的经济体，除赞比亚外，均保持正增长率。有一半的经济体在2011年迈入高收入之列。上述数据显示，现实中并不存在“无条件的”中等收入陷阱。

如果按照相对收入对不同国家进行划分，即以美国同期的收入水平作为参考标准，例如将低于同期美国收入水平16%的国家定为低收入国家，那么存在的问题是，即使是大萧条时期美国依然维持较高的增长率。所以，即使中等收入国家增长率表现良好，依然有可能追不上美国。这就像婴儿永远也追不上父母的年纪，但并不代表婴儿不在成长。人类社会没有婴儿陷阱（Infant Trap），就如同“中等收入陷阱”并不存在一样。

更重要的问题在于，落入同一组别的经济体的经济表现有好有坏，这其中是否有一些基本变量和政策选择将它们区分开来？我认为，有利的人口因素（例如15~64岁人口所占比例高、性别比例失衡等）、稳定的宏观经济（例如较低政府债务、较少经济危机等）、

[1] Han, Xuehui & Wei, Shang-Jin, 2017. “Re-examining the middle-income trap hypothesis (MITH): What to reject and what to revive?,” *Journal of International Money and Finance*, Elsevier, vol. 73 (PA), pages 41 - 61.

健康的金融发展等都是区分快速增长或缓慢增长国家的重要因素。

从现有数据来看，性别比例失衡的国家，例如印度、越南、新加坡及中国，经济增长率确实都会维持在较高水平。之所以造成这种高增长，可能与婚姻市场有关。男女性别比失衡意味着一部分适龄男性没有办法娶妻。这些适龄男性不得不为自己在婚姻市场中争取更大的竞争优势，例如努力工作、增加储蓄，甚至冒更大风险成为企业家，这在一定程度上会驱动经济增长。

但是这种由性别不平衡所驱动的增长并不被提倡，经济学家还会呼吁这些性别比例失衡的国家去关注甚至干预这一现象。

如何驾驭第七波的全球化

“当前，我们已经进入人类历史上第七波的全球化。全球化的治理需要改革，才能战胜全球各种紧迫与严峻的挑战。人类能否经受住这波挑战，可以从以往六波全球化的经历中获得启示。”这是国际著名经济学家、可持续发展专家杰弗里·萨克斯（Jeffrey D. Sachs）教授在他最新力作《全球化时代：地理、技术与制度》（*The Ages of Globalization: Geography, Technology, and Institutions*）一书中表达的观点。通过对世界历史的思考和解读，杰弗里·萨克斯教授试图阐明 21 世纪人类社会面临的挑战和机遇及我们可行的应对之道。笔者与杰弗里·萨克斯教授展开对话，就“第七波全球化”下各国的竞争与合作展开深刻研讨。

萨克斯教授回顾了七次不同的全球性技术和制度变革浪潮，从早期现代人类通过长距离迁移实现最初定居开始追溯，一路探讨至当下对全球化的反思。在此过程中，他思考了地理、技术与制度的交互作用如何影响新石器时代的革命；马匹在帝国崛起中的作用；大型帝国在古典时代的扩张；从欧洲通往亚洲和美洲的海路被发现后，全球帝国的崛起和工业时代的开启。杰弗里·萨克斯教授表示，这些过去的浪潮为我们当前所处的时代中正在发生的进程提供了新的视角——基于数字技术的全球化。他强调必须采取新的国际治理与合作方法，以防止冲突并实现与可持续发展相一致的经济、社会和环境目标。

他认为，以前的每个时代都出现了新的治理形式，我们现在也亟须采取一种新的全球治理形式来克服当今世界的三大挑战：第一，由于新技术取代工人而导致的、日益严重的收入和财富的不平等，即全球范围内持续存在的极端贫困，以及富裕社会内部不平等的加剧；第二，人为导致的“违反地球边界”的气候变化，使生物多样性丧失和污染加剧；第三，全球战争的威胁以及因为战争可能造成的物种灭绝。

萨克斯教授通过对人类历史的反思，帮助我们获得迫切需要的理论来理解全球化时代的人类发展，同时也为我们的未来发展提供了重要指导。

相比竞争，世界更需要合作

魏尚进：《全球化时代：地理、技术与制度》一书从宏观的角度审视了全球化的历史。我在阅读这本书时领会到的一点是：有时历史是暴力的，人们可以对彼此做可怕的事情，而科学技术可以变成暴力的助虐；但同时历史上也不乏人们相互合作的事例，技术也可以帮助人们更好地合作。您认为为了有效地应对第七波全球化浪潮中的挑战，我们应该从前六次全球化浪潮中吸取哪些教训？

杰弗里·萨克斯：正如您所说，每一次全球化浪潮都有可能改变地缘政治，因为新技术或新制度产生了权力，而权力通常会引发战争。不幸的是，历史上一旦一个国家变得强大，其征服他国的冲动似乎也变得非常强烈。例如，我们看到英国在获得了巨大的经济发展之后，摇身一变成为一个全球性的帝国。同样的剧情也发生在第二次世界大战结束后的美国。但是纯靠一支军队来管理世界是不可能、不可取，也是不经济的。这么做不会达到什么好结果，只会反映权力的傲慢。所以每当（全球）权力发生变化的时候，我们都要警惕。我觉得学者、文化名人、商界人士以及老百姓需要反思的是，能否多从如何合作的角度来看（国与国之间的）关系，而不是什么都从权力斗争的角度去思考。

历史上正反经验教训都有。第二次世界大战结束后，富兰克林·罗斯福发起成立的联合国，这是一个引人注目的发展成果。罗斯福是美国最伟大的总统，他确实想为世界和平建立一个制度框架。所以，他在第二次世界大战期间的想法是应该建立一个联合国，由五个主要大国担任五个常任理事国。实际上，如果这些国家能够共同努力解决全球大流行病、气候变化等问题，就可以做成很多事情。现在也应该有更多国家加入常任理事国。如果我们将人类遇到的挑战视为合作的机会，就可以一起做很多事情；如果我们把它们看作是又一个竞争，就会给目前的局势带来许多危险。我对我们今天的处境感到非常不安，因为联合国的机制并不是那么强大，实际上美国已经停止了对它的支持，也退出了世界卫生组织。这一切变化让（国与国之间的）误解的可能性增大。所以，我认为现在应该是强调合作的时候了。

魏尚进：您在书中提到了格雷厄姆·艾利森关于“修昔底德陷阱”的假说，该假说声称每当权力发生变化时，或者每当两个实力领先的国家在规模上接近时，爆发战争的可能性会远远超过50%。首先，根据您对于历史的研究，您认为“修昔底德陷阱”的假说是对世界各国权力过渡的准确描述吗？其次，联合国的存在是否可以帮助我们摆脱“修昔底德陷阱”？在前六次全球化浪潮中，还没有出现联合国（试图阻止国家之间的战争），而现在我们有了。不过联合国好像只在大国希望它发挥作用时才发挥作用。除了战争与和平之外，人类还面临着许多共同挑战，包括生态挑战。我们要怎么做，才可以协力应对这些挑战，让大国的注意力被更多地引导到解决共同的挑战，而不是试图毁灭彼此？

杰弗里·萨克斯：是的。约翰·F. 肯尼迪总统在 1961 年的就职演说中就我们的现实做出了最具戏剧性的声明。他说，当他成为总统时，世界与过往已经大不相同，一方面人类有能力终结各种形式的贫困，但另一方面人类也有自我摧毁的能力。他的意思是，一方面我们的技术如此先进，以至于如果我们愿意，我们就可以结束贫困，这是人类历史上从未实现过的梦想。实际上，中国在经历了五六十年前的严重贫困之后，已经实现脱贫。但同时，我们时代的一个很大不同是我们拥有核武器，其强大的破坏力不仅仅体现在军事上，也体现在环境上。所以我们生活在一个矛盾的时代——伟大的技术能实现美好的东西，也能带来巨大的灾难风险。

我对于 20 世纪 50 年代以来大约 70 年的解释是：在美苏冷战期间，我们许多次接近灾难的边缘。这是一个意识形态、制度和政治上的竞争，但它也是一场核军备竞赛。有好几次，核战争差点发生。1962 年“古巴导弹危机”中有一个著名的时刻，当时一艘苏联潜艇差一点就对美国发动核攻击，这原本会导致一场世界大战。

历史上有这么多血腥的战争，但因为没有核武器，它们不曾摧毁一切。而今我们却有能力在短短数小时内让一切化为灰烬。我们也能慢慢察觉到环境变化带来的破坏，见证新型疾病转化为危机的速度有多快。这些都解释了我们为什么应该选择合作。

公共政策的实现需要社会凝聚力

魏尚进：您也是公共卫生和流行病问题的深刻思考者。能否请您谈一下，为何 2019 年人均 GDP 超过中国的巴西，在控制新冠肺炎疫情方面竟然如此不力？

杰弗里·萨克斯：我们实际上观察到的是一种政治因素和社会凝聚力交织的影响。在中国，当疫情在武汉爆发时，政府采取了非常果断的“封城”行动，尽管是在中国新年期间，数以百万的人仍在途中。虽然极大的不便，但却是必要的行动。这是一个史无前例、令人震惊的行动。中国领导层采取了非常果断的行动，公众也遵守政府的指示。阿里巴巴集团和其他在线应用程序迅速投入使用。成千上万的公共卫生团队参与了对公众的核酸检测和隔离。所有举措都有助于抑制疫情。这真的是一个了不起的成就。疫情虽在初期一度失控，但大约在 7 周时间内就被控制住了。

其他亚太国家和地区也清楚抗击新冠肺炎疫情的紧迫性，所以许多地方都有相当迅速的反应，韩国就是一个非常好的例子。在中国台湾省和中国香港特区也都有快速的公共卫生响应。尽管越南是一个低收入国家，抗击疫情也表现得很好。但我想说的是，所有这些情况之下，都包含着一种社会责任。人们佩戴口罩，知道疫情的危险性。政府高层果断地采取了行动，制定了良好的公共卫生措施，并在可能的情况下采用了数字技术。

在美国和巴西，社会分裂比较严重，信任机制薄弱。两国都没有在关键时刻进行公共卫生方面的控制，取而代之的是一场重大的文化、社会和政治争斗；在经济、种族问题和意识形态上的分裂也十分严重。所以在美国和巴西都未曾有国家政府层面的政策尝试，无论是来自美国总统特朗普还是巴西总统博索纳罗。事实上，特朗普有很长一段时间反对佩戴口罩，自己也不戴口罩。他的做法就是在示意他的支持者不要戴口罩。支持特朗普所在的共和党的州长们也拒绝采取控制疫情的措施。

所以美国最终未能控制住这场大流行。当中国只有几千人死亡时，美国就有超过 15 万人死亡，尽管美国的人口只有不到中国人口的四分之一。现在的中国每天新增病例非常少，而在美国每天大约有 6 万个新增病例。所以我将应对不力归咎于我们的文化、我们的政客和我们公共响应的失败。在根本上，我将其归咎于我们的不平等和不能像一个良好社会那样的作为。我们甚至没有相互尊重，因为戴口罩也是对其他人的尊重。在亚洲，人们非常尊重戴口罩、防止感染他人的行为。

全球化没有失败

魏尚进：另一个关于流行病的问题是它与全球化的关系。在应对新冠肺炎疫情之时，国与国之间非常需要在提供各种设备和防护用品、信息交流、资源整合、疫苗和治疗药物开发等方面进行合作。但同时我们听到了很多关于脱钩、去全球化、将生产从所有的离岸地区转移到国内的噪声。鉴于如此多的关于脱钩和去全球化的新闻，您觉得这是否是一种趋势，是真正的主导思想，还是只是暂时的现象？在这之后我们还能回到更紧密的合作状况吗？

杰弗里·萨克斯：首先，试问我们在渴望什么？我认为我们从管理良好的全球化获得的收益是巨大的。在一个开放的世界中，我们从贸易、旅游、学生交换，从文化、体育、科学和娱乐交流中的获益是巨大的。我认为失去这些原本可以获得的收益将是一个悲剧。过去发生过的全球化逆转给了我们这样的教训。全球互联互通有深刻且积极的意义，但它可以被政策、战争或其他类型的灾难所逆转。其中最著名的是在大萧条时期，国家间选择停止相互贸易，并在20世纪30年代初施加了一个非常高的、始于美国的关税，导致了全球化的崩溃。这是毁灭性的，因为这反过来会导致战争——当全球化失败，国家之间的不信任感就会上升。

所以就我们应该做什么而言，答案是不应该放弃全球化。我们应该理解互联互通有危险，比如病毒的快速传播；但我们应该通过合作来管控全球化不好的一面，而不要放弃全球化有益的一面。有一些举措会保护国内的（关键）产业，也会带来更多关键供应链之间的竞争。在未来几年内，人们不再对全球化有同过去一样的完全积极的看法，但如果我们幸运的话，全球化体系不会瓦解，而只会有一个适度的调整。不幸的是，（具体发展的格局）很大程度上取决于美国的政治。

如果美国换了一位新总统，中国和美国将（可以）讨论更深层次的、制度上的合作，在许多问题上进行交流：能源、环境、公共卫生、经济、金融、技术等。因为我认为有了深厚的关系，双方才能真正就这些问题进行谈判，并在很多专业细节上加以解决。这样才能稳定这种局面，使全球化积极地进行下去。

魏尚进：在美国有一种说法，认为世贸组织已经在多个方面（包括敦促中国遵循国际贸易体系等）失败了，因此美国一直吃亏，并没有在贸易中受益。请问您是否赞同这个观点？世贸组织体系如何可以通过改革再次振兴世界贸易，帮助世界经济从疫情带来的经济萧条中尽快复苏？

杰弗里·萨克斯：这是一个非常有趣而复杂的问题。首先，世贸组织并没有失败，贸易全球化也没有失败。总体而言，这是一个非常积极的结果，它一直是中国发展的关键。我认为这对美国和世界其他地区也是有益的。世贸组织的游戏规则对各国发展都是非常有帮助的。

现在有几个问题我们应该明确。一个是中美贸易很有可能确实改变了美国的收入分配体系，使一些美国的产业工人失去了工作。因为中国在很多产业部门都非常有竞争力，特别是制造业部门。国际贸易提高了美国的总体收入，同时也影响了美国的收入分配。但这不是中国的错，也不是世贸组织的错，因为当我们在讲国际贸易时，我们讲的是国际贸易使收入整体上升，但它可以改变分配。所以为了确保每个人都能受益，美国需要有再分配政策配合贸易，而我们没有这种再分配的政策。所以输家输了，赢家赢了。输家变得不高兴，投票给贸易的反对者。但我们应该做的是在美国内部进行更多的再分配。

中国对美国的回应是，既然美国和中国都已经从双边贸易中受益，如果有些人被落下了，那需要本国政府采取政策通过再培训、新技能培养、提供新的就业机会、发展新的产业等来帮助解决问题。这就是为什么在有些国家，如德国、瑞典和丹麦等北欧国家，没有出现类似美国的强烈全球化逆潮，因为它们有很多的收入再分配措施、更多的工作培训、更多的利益分享。所以，世贸组织没有失败，但美国政治没有确保充分的利益共享。

我认为，我们现在还正面临着第二个非常重要的问题，就是中国已经广泛地制定了颇有远见的产业政策来促进新兴产业发展。“中国制造 2025”政策确定了十个优先发展的领域，比如先进半导体、先进运输、精准农业、先进医学等。这是一个非常明智的政策，因为中国在战略上已经确定了优先领域，并表示将在这些领域推动技术进步。现在美国也有产业政策，但通常不会像中国一样去考虑这些问题。所以如果美国推进互联网发展或开发基因组测序，这些都是政府行为，然后移交到私营部门，但美国不把它称为产业政策。

因此，美国认为中国所做的产业政策是不公平的，而（自认为）美国所做的才是代表科学进步和公平的，在一定程度上是一种意识形态的观点。这里其实只是一个表达的问题。但在我看来还有一个实质性问题是，我们处于一个技术动态发展的阶段。

我认为制定产业政策是一个好主意，政府帮助促进基础科学和早期阶段的技术进步，不管是在可再生能源领域，还是在人工智能、先进机器人技术等领域，抑或是在环境保护领域等。因此，出于这个原因，我赞成产业政策。

现在世贸组织对此没有很好的规定，没有明确如何互动。所以美国把矛头指向中国，说这是不公平的。这不应该通过贸易摩擦或技术战来完成，而应该通过谈判来完成，并至少应该与三个甚至更多的伙伴一起来完成。中国是其中一方，欧盟是另一方，美国是第三方。当然，还有很多其他国家表示他们也是其中的一部分，比如韩国和日本。所以找到合适的地点进行认真的谈判，讨论如何保持产业政策有利的一面，而不是以邻为壑、有损相互利益的方面。产业政策不但重要，而且对每个国家都是有益的。美国和欧洲都应该有产业政策，但我们应该为此谈判一个框架，使其更为透明，并侧重于促进有益的技术进步，而不是损害其他国家。

遏制数字军备竞赛

魏尚进：请允许我补充三个评论。

第一，世界贸易组织是在美国的领导下成立的，其规则很大程度上体现的是美国的想法。中国实际上没有参与其规则制定，因为中国不是 WTO 创始成员国。

第二，产业政策的概念不是中国发明的，事实上它是美国的第一任财政部部长、开国元勋、毕业于哥伦比亚大学的前身国王学院的亚历山大·汉密尔顿发明的。所以对美国而言，产业政策并不陌生。

但不同的美国人有不同的观点。有些人说美国从来没有采取过产业政策，这是一个汉密尔顿想出来的馊主意。也有些人说，虽然我们不喜欢“产业政策”这个词，但实际上我们在历史上一直在施行它——从政府对科学技术项目的支持包括美国国立卫生研究院（NIH）、美国国家科学基金会（NSF）、国防部预算和能源部预算，我们做了很多实质上和产业政策等同的事情，但我们出于某些原因讨厌这个词。所以我很好奇您对这两个观点有什么看法？

第三，世贸组织和产业政策之间的关系。世贸组织的一个关键原则是对国内外企业一视同仁，不以企业的国别为基础进行歧视。至少从逻辑上说产业政策可以做到符合非歧视原则，与 WTO 规则一致。您是否同意？

有些经济活动或技术发展因为存在“外部性”，私营部门自身可能不会投入足够的资源。这时产业政策可能有用武之地。我们甚至可以想象这样一种情况，实施跨国性的产业政策，通过国际合作共同支持某些产业，如新冠肺炎疫情背景下的疫苗开发，仅靠私营部门可能不会投入足够的资源，但政府可以介入并加紧努力。如果有一个国际性的产业政策，进行一些资源共享，全世界作为一个整体会更有效率。您认为我们是否应该在某些领域制定一个促进人类利益的全球版本的产业政策？

杰弗里·萨克斯：您的观察很好，非常深刻！让我先回到亚历山大·汉密尔顿有关产业政策的研究。我认为在历史上，产业政策有两类目标：一个是迎头赶上其他国家；另一个是一般性的发展进步。

所以当亚历山大·汉密尔顿在写作时，他意识到英国在技术上领先于美国。作为美国的第一任财政部部长，他非常重视作为新型工业化经济体的美国如何赶上英国。所以从这个意义上讲，是他帮助给出了关于追赶的想法。我们也有企业家把从英国找到的技术都带到美国，并试图在美国复制（英国的）技术。所以，这是追赶的一部分。

然后更普遍的问题是支持知识进步的产业政策。当然，所有的主要大国都有产业政策，首先是用在军事上——这是历史上这么多产业政策的起点。美国在第二次世界大战结束后非常聪明。再说一次，我们真的曾有一个伟大的总统富兰克林·罗斯福。他在 1944 年对他的科学顾问说，我们该怎么用好在第二次世界大战期间发展起来的所有军事技术——雷达、半导体、计算机等；如何为民用经济提供这些技术。这是一个伟大的想法，因为罗斯福不希望美国只是一个军事超级大国，他想营造一个良好的社会。其成果是一本有关美国经济思想或国家战略的著作《科学：无尽的前沿》，由富兰克林的科学顾问万尼瓦尔·布什作于1945年。书中提到，让我们捍卫以科学为基础的经济发展。由此，您之前提到的美国国家科学基金会、美国国立卫生研究院等机构成立，美国政府在技术进步方面投入巨大。

这些都给我们带来了巨大的回报，因为这是互联网和半导体行业最终出现的起点，是登月发射技术的前身，带给了我们空间技术、卫星技术、全球定位系统，以及在微电子和许多其他领域的巨大进步。这些都是复杂的产业政策，只是没有被这样称呼。美国获得了巨大的利益，我认为这些同时造福了全球。

实际上您提出的无歧视原则或全球资源整合是一个很好的起点。例如，加快世界能源系统的碳减排，或使因特网触及每一个人以帮助结束贫困，这些是我们应该共同追求的全球公共产品。当然国与国之间也必然会有竞争。但我们应该遏制数字军备竞赛，就像我们在核武器方面所做的那样。我们不想要太空军备竞赛，否则这将是可怕的并非常具有破坏性的。同时我们确实希望在其他领域有一些竞争，如竞争谁能生产出更好的电动汽车。我们应该有一些游戏规则、一些道路规则，这样我们就可以既有产业政策，也有全球竞争、有国际贸易，而不是以大规模的扭曲来损害全人类的福祉。所以您应该把您的想法写下来，把这些原则写下来，这可以成为国与国之间新的多边谈判的基础。

如何权衡多边主义与中美关系

受疫情冲击、单边保护主义等因素影响，世界经贸格局正加速演变。全球产业链面临重构危机，中美经贸关系未来仍然难以预料，但中国乃至东亚地区的贸易在这次危机中变得更加区域化。中国采取基于多边主义的战略有利于中国乃至世界的利益，但不一定符合美国的利益。那么，在多边关系和中美关系之间中国应该如何权衡？笔者就此话题与世界银行东亚和太平洋地区首席经济学家阿迪特雅·马度（Aaditya Mattoo）展开了深度对话。马度指出，维护开放的多边贸易体系与中国的未来休戚相关，也对世界有利。

企业回岸现象没有发生

魏尚进： 东亚是一个依靠贸易发展的区域。在当下贸易局势发生变化的情况下，东亚地区需要做出哪些改变？

阿迪特雅·马度： 有关贸易有三个重要方面。首先，大家普遍关心的问题是全球价值链未来将变成什么样。第二，我要强调新冠肺炎疫情对服务贸易的影响。第三，在全球局势紧张、分化严重的情形下，各国如何应对这场危机？而中国能够并且应该做些什么。

首先，关于疫情带来的冲击，目前还很难展望到未来的情况，但我们可以回顾过去的经验。我和我的同事有一项研究，是关于2011年“3·11日本地震”如何改变全球价值链，因为日本是全球价值链的重要组成部分。我们通过观察这一灾难是否导致了回岸现象、日本出口停滞，是否引发了其他国家的进口分散、企业外迁等问题，得出的结果非常有意思：在巨大冲击之下，几乎没有发生任何回岸的迹象；全球化进程没有倒退；事实上灾后日本的出口额持续增长。

不过，其他国家在进口地选择上远离日本的转变确实也出现了——不是发生在从日本进口量占比低的国家，而更多地发生在对日本进口依赖度较高的国家。所以这场危机似乎造成了一种对“依赖”的反感。如果一个国家过于依赖某种资源，就会想要摆脱这种依赖。正如在这场新冠肺炎疫情引发的危机中，不论在公司还是国家政府决策层面，一些国家似乎都在一定程度上体现出脱离中国依赖的相似反应。

那么，2011年日本地震海啸危机后离开日本的企业去了哪里？我们发现越南的市场份额出现惊人增长，而印度尼西亚的增长就要低得多。这两个国家之间最大的区别是越南的经济开放度、进出口便利度和经贸联系紧密度都很高，相较而言从印度尼西亚进口就非常艰难。如今，印度尼西亚正考虑实施一些重要的改革。

从中国的角度来看，一个值得探讨的问题是：新冠肺炎疫情的冲击和当年的日本地震的冲击有何不同？我认为主要的区别首先是中国的产能没有遭受破坏；其次是受到疫情冲击的并不只有中国。

出于疫情冲击的考量，海外企业在投资生产选址时，起初可能会选择离开中国。但中国相对较快的复苏已经证明，它是一个相对可靠的投资目的地。但就长期趋势来看，中国人力成本的上涨已经导致一些生产外流到越南等国家。

那么新冠肺炎疫情会带来怎样的影响？从 2011 年日本地震比较来看可以发现，在电子产品、自动化组件、中间产品和最终产品方面都出现了一些非常有趣的模式。值得指出的是，当企业决定是否应该将生产迁移出一个国家时，需要做一个简单的测算：开办一个新工厂要花多少钱？迁移工厂又能降低多少生产成本？是否值得转移生产取决于节省的生产成本与产量的乘积是否大于开办新厂的成本。

在产量很大的情况下，因为可以从成本节省中获益，企业更有可能迁移工厂。但在新冠肺炎疫情危机削弱全球市场需求的情况下，由成本节省驱动的生产转移就不太可能。

新冠肺炎疫情冲击的是需求，并不像日本地震灾害冲击的是产能，生产迁移的积极性反而会降低。我想套用罗伯特·索罗斯对生产力和增长的表述，他说“我看到IT革命无处不在，除了在统计数据中”。我想说，全球价值链的重新布局无处不在，除了在贸易统计数据中。没有迹象表明世界正在抛弃全球价值链。虽然随着实际用工成本的增长和机器人价格的下降这场竞赛在继续，生产中心将逐渐远离中国，但从根本上说我们将看到全球价值链更深远的整合。

数字化服务贸易保持韧性

第二点，服务业在大萧条之后一直保持着相对的韧性，直到最近全球新冠肺炎疫情暴发。数字革命终于使各个领域有更多的服务贸易。这在新冠肺炎疫情危机之前就已如此，而现在的情况就更令人惊讶。即使在运输、旅游和其他产业收缩的情况下，电信、信息通信和其他相关业务却保持持续增长。并且这个趋势正在加速，一方面由数字化交付的某些服务领域正在创造新的机会；另一方面其他领域正在持续收缩，特别像菲律宾等国家的旅游业需要时间来复苏（见图1-4）。包括中国在内的各国数据都可以反映这一趋势。企业出于成本和计算机技术应用便捷性的考量，会持续采用数字化交付的形式，如此一来进行当面交易的理由就不存在了。

东亚从货物贸易和投资中获益良多，在服务业贸易方面仍然

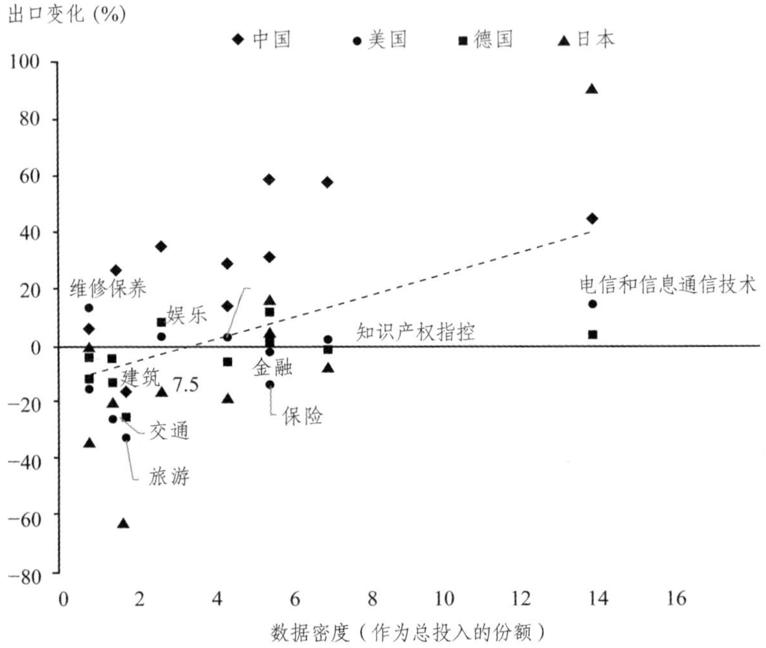

图 1－4　服务贸易变化趋势（2020）

资料来源：Matto and Taglioni 2020，Borchert et al. 2020

受到保护。包括中国在内的许多国家在服务贸易受到保护的程度比商品贸易的要高。

维护多边开放，对中国利害攸关

最后一个有趣的观察是，中国乃至东亚地区的贸易在这次危机中变得更加区域化。虽然中国对世界其他地区的出口在收缩，但对东盟五国的出口在这一时期实际上却增加了。

这种区域化也是一个长期趋势的延续，不仅体现在货物方面，也体现在投资方面，甚至还体现在知识产权中。相比世界其他区域，东亚国家更依赖于区域内的国家。因为在这个阶段，东亚地区正在复苏和内部整合，正通过促进区域内各国之间的贸易，在一定程度上避免由于需求和供给冲击导致的东亚国家对外贸易收缩的影响。

但这确实也意味着中美经贸协议中所承诺的目标不太可能实现，而这可能成为新一轮贸易摩擦的源头。因此，我们认为中国可以抓住机会扭转中美经贸协议，而不是试图就协议目标进行艰苦的重新谈判。简言之，中国应与美国一起将协议多边化，将基于特权提供给美国的自由化待遇扩大到世界其他国家；将该协议作为中国国内深化改革的基础，向所有国家开放市场。我们的研究表明，这符合中国的最大利益——它有可能将中国的 GDP 增长率提高 0.5 个百分点，也能为东亚地区的 GDP 增长率贡献 0.5 个百分点。这样也可以使中国掌控局面，并恢复与其利益攸关的多边开放。

魏尚进：中国采取基于多边主义的战略有利于中国乃至世界的利益，但不一定符合美国的利益。这可能会影响到对中美关系的管理。那么在多边关系和中美关系方面我们应该如何权衡？

阿迪特雅·马度：相比中国奉行的多边自由化，美国从中国市场的特权准入中获益更多，但我认为中国可以完全掌控局势。

自从中国加入世贸组织以来，经过一系列重大的变革和开放，已经成为一个比以往任何时候都更加开放的国家。但中国也面临着一些问题，比如在农业方面，金·安德森和比尔·马丁已经发现一个有趣的现象，许多发展中国家，特别是中国，正在重蹈工业国家的覆辙——从对农业征税转变为开始补贴农业，对农业部门的支持越来越大。我认为这是一种新的系统性扭曲。此外，在服务业方面，虽然中国已经有了很大的动作，但根据目前披露的信息，无论在保险业还是银行业，外企在其中一些领域的市场份额仍然相对较小。在电信领域或者在基于互联网的服务领域，外企的市场份额仍然受到限制。

还有一个大问题是，在整个服务领域，牌照都是核心。不仅在中国，在其他任何地方都是如此。虽然在货物贸易中基本上已经不需要许可证了，但如果想成立一家银行、电信公司或牙科诊所，还是需要牌照。所以我认为，中国许可证分配上的自由裁量仍然是一个问题。中国在多个领域对外资都有明确的限制。例如在电信领域，仍然对外资所有权有限制。在法律服务和金融方面虽然有了进一步开放的举措，但还是有一系列的限制。不过，从中国与美国起草的协议还是可以看出中国进一步开放市场的行动方向。

我对跨度两百年的贸易进行了长期观察，图 1－5 中的黑色细线显示了英国所占的份额，黑色粗线显示了美国所占的份额，虚线则代表了中国所占的份额。当我们回顾贸易体系演变的历史，会发现鸦片战争时期的阴霾掩盖了一些非常值得深思的问题：英国

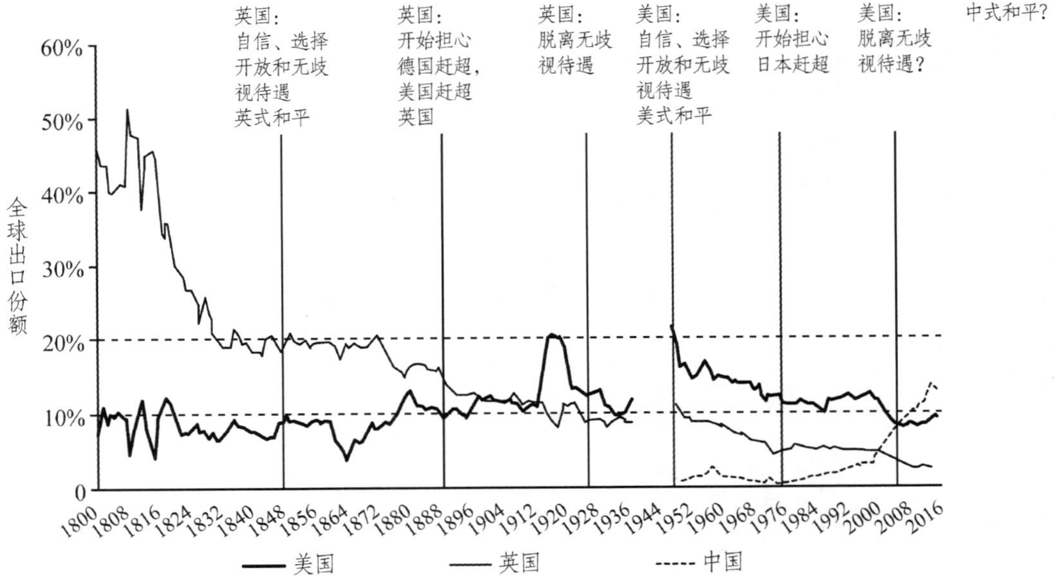

图 1－5　交易份额的变化和政策立场的变化：英国和美国在世界贸易中的份额（1800—2016）

资料来源：Hoekman and Matto（2019）

人在19世纪40年代前后要求中国开放港口时，并没有要求与中国进行排他性的贸易，而是要求中国向全世界开放。这是一段英国自信满满、占据主导地位的历史，这是所谓的“不列颠治世”（Pax Britannica）时代。英国宣称其实行“自由贸易帝国主义”，不但自己开放，也会迫使其他国家开放，而不是寻求排他性的安排。这种对开放的多边主义的承诺在19世纪90年代受到欢迎，当时德国和美国开始迎头赶上。

我们可以看到当时英国议会关于英国的知识产权被盗取的叙述。在当时的宾夕法尼亚有一位名人斯莱特，他被英国人称为“叛徒斯莱特”（Slater the Traitor），却被安德鲁·杰克逊称为“美国工业革命之父”。这些都是非常有趣的故事。直到19世纪80年代中期，英国在世界贸易中的份额为20%。当其份额在20世纪20年代末下降到10%以下时，英国第一次放弃了这种开放。那是帝国特惠制（Imperial Preferences）出现的时候，它要求殖民地给予英国独家贸易权。这令我很惊讶，我本以为这会是整个殖民地时期的特征，但实际上却是在20世纪20年代，当英国的统治地位开始下降时，它才放弃了非歧视性原则。

无独有偶，这样的情况与美国惊人地相似。二战后，美国在世界贸易中的份额超过了20%。美国发起并负责创建了关税和贸易总协定（GATT）和多边贸易体系，这就是所谓“美国治下的和平”（Pax Amerciana）。这个体系的第一次动摇发生在日本威胁要迎头赶上时，当时日美就自愿出口限制进行了谈判。

我想说的是，这种让步发生在特朗普政府之前，是在奥巴马政府发起跨太平洋伙伴关系的时候，我认为这是一种现代版的“帝国特惠制”，其目的是创造一种排他性的体系。而且我认为这恰好发生在所谓“中国威胁”有所抬头时。因此，这是一种历史模式。我和鲍勃·斯蒂克揭示了这种霸权衰落是如何导致美国背叛多边贸易体系支柱的现象。

现在的问题是中国在当前形势下的立场。我认为中国将逐渐占据更强的主导地位。与其他主导国家一样，维护开放的多边贸易体系一直与中国休戚相关，着眼未来更是如此。事实上，这对美国也是如此，但它有时在政治上是短视的。这是中国更宏大的目标，中国仍然可以从可预测的、开放的政策中获益良多。中国自身的改革可以成为多边主义复兴的“前期投入”，随着其主导地位的提升，这将非常有利于中国。但中国这样做，美国能满意吗？也许不会。但这么做将帮助中国掌控局面，并建立一个支持非歧视性开放的全球联盟，也可能有助于中国抵制经济上低效的政策选择。

中国的二次入世

中国的入世历程已经走过了20年，入世固化了中国改革开放的已有成果，促进了中国未来的发展。中国始终坚持规则意识，与世贸组织风雨同舟。如今继 RCEP 签署、APEC 第十二次会议后，中国很可能迎来第二次入世——加入 CPTPP，这将会优化中美关系，对 WTO 的改革和国内改革开放有着深远的影响。笔者就此话题与清华大学法学院教授、WTO 上诉仲裁员、中国法学会 WTO 法研究会常务副会长杨国华展开深度对话。

WTO 改革势在必行

魏尚进：从 2001 年 12 月中国正式成为世界贸易组织（WTO）成员，到 2021 年正好是 20 周年。这 20 年来，中国的对外开放发生了天翻地覆的变化，国内的商品市场、金融市场和劳动力市场的一系列改革都与此息息相关。

值得一提的是，受中国入世恩惠的不仅是本土的进出口企业。事实上，几乎所有的中国企业和个人都直接或间接地受到了这场变革的影响，不直接参与国际贸易的企业的运营规则、政府与企业的关系、老百姓实际的生活水平等都因其发生了变化、取得了进步。

2020 年，中国在对外开放的征途上又树立了几座新的里程碑，包括谈判完成了《区域全面经济伙伴关系协定》和《中欧投资协定》等。这为我国进一步的高水准开放做了铺垫，也为进入高收入国家行列打下了基础。改革要开启新征程，就需要总结过去改革开放的经验。作为中国入世的亲历者，您如何看待这20年开放历程中WTO的作用？

杨国华：20年前，中国加入了WTO；2020年11月20日，中国宣布积极考虑加入全面与进步跨太平洋伙伴关系协定（CPTPP）。在我看来，加入CPTPP就好比中国的第二次入世。我们可以首先回顾一下中国第一次入世，也就是加入WTO的20年给中国带来了什么。

作为曾经的参与者和现在的研究者，我对WTO的评价很高。国家间关系的建立和维护离不开良性国际规则的正常运转，过去四年的历史经验见证了“不讲规则，只讲拳头”的特朗普给中美关系和国际社会造成的损害。WTO的功绩之一就在于其建立了一套多边贸易体制以维持世界贸易秩序，其中涵盖了一系列的具体规则、监督机制以及争端解决机制等。对于初次入世的中国而言，这无不代表着良好的机遇。

可机遇总与挑战并存，加入WTO并不是尽享利益而毫无风险。首先，在2001年，WTO雄心勃勃开展的多哈回合贸易谈判以失败告终。这对WTO和国际合作的信心是一个重创，显示出了WTO在国际规则制定方面的弱势。其次，近年来WTO出现了上诉机制危机。上诉机构原本有七名成员，但由于特朗普政府蓄意使用否决权，导致新成员无法遴选，最终使上诉机制走向停摆的境地。

魏尚进：多哈谈判失败的背景之一是几乎所有的WTO成员方

都有否决权。这条规则在 WTO 的前身——关税及贸易总协定（General Agreement on Tariffs and Trade，GATT）以及 WTO 成立早期并不是大问题，当时的贸易主要发生在发达国家之间。因为发达国家与落后国家力量悬殊，大国主导协议的达成，小国少有话语权。如今发达国家间的贸易比重下降，大小国间关系的重要性凸显，使得 WTO 运行机制的积弊愈发突出。相比之下，世界银行、国际货币基金组织等不采取“协商一致”（consensus）的组织，谈判失败的概率就会大大降低。因此，WTO 在今后的改革议程中，应当对包括谈判、上诉机制等在内的规则改革予以着重考虑。

杨国华：对于 WTO 出现的挑战而言，如上诉机制危机，究其原因，内部缺陷是一方面，但主要还是因为美国利用了 WTO“协商一致”的缺陷，使得新法官的遴选无法进行。

就新回合谈判失败而言，背后有多种因素交互作用。其一，WTO 过于乐观。1994 年乌拉圭回合谈判的成功使得 WTO 雄心勃勃地想要制定一套新的规则。其二，逆全球化浪潮使得各国对全球化的信心不足。其三，WTO 的成员增加过多，使得各集团利益难以统一。其四，“协商一致”的规则缺陷。

对于第四条要注意的是，虽有弊端，但“协商一致”的存在有其必要性。从改革的角度来看，当今国际协议达成的可行路径之一是“开放的诸边主义”（The Open Plurilateralism）。以电子商务谈判为例，WTO 全体成员中一部分具有共同意愿的成员先就单一议题进行谈判，且最终达成的协定仅约束接受它的成员，之后可以通过逐步向其他成员开放来形成新的规则。这样的制度更为现实主义，在不改变“协商一致”传统的同时也解决了现实问题。和 WTO 传统的“一揽子承诺”与“协商一致”相比，开放的诸边主义可能会带来碎片化问题，但总好过商议毫无进展。

魏尚进：改革对 WTO 的运作效率和今后的发展方向至关重要。如您所言，上诉机制弊端与新回合谈判的失败有共同的原因——个别成员国可以行使否决权。倘若将规则变更为每个国家的投票权与该国在国际贸易中的相对权数挂钩，那么谈判的效率或许就会提高，从而推进整体国际贸易规则的进步。对作为世界贸易大国的中国来说，这也是大有裨益的。且加权投票在国际组织中已有先例，它同时兼顾了效率与公平的合理性，会成为吸引主权国家加入 WTO 的一大亮点。

但开放的诸边主义并不是最优选择。作为多边主义的一种，它很难避免成员国与非成员国的区别对待。从这个意义上说，它实际上违背了国际贸易体系的非歧视原则，只是在现有制约下的“无法之法”。如果我们有机会重新考量国际贸易体制的话，或许中国可以联合其他国家倡议改革以提高整个贸易体系的效率。

杨国华：WTO 的改革已在成员之间达成共识，这也成为 G20 领导人峰会的一个重要议题。峰会中，有以下三方面的提案较为重要（可供参考）：其一是欧盟和加拿大在争端解决机制方面提出了较为全面的方案；其二是美国的提案，包括“争端解决必须充分尊重成员国的主权政策选择”等；其三是中国的提案，包括遵循协商一致的决策机制等。WTO 改革已是大势所趋，未来进展如何，还将拭目以待。

入世固化改革开放的成果和未来

杨国华： 2001 年 11 月 11 日，人民日报头版的一篇文章《中国改革开放进程中的一件大事——祝贺中国加入世界贸易组织》对中国加入 WTO 的意义作出了极具前瞻性和预测性的判断。文章认为入世对新世纪中国的经济发展和社会进步，将产生重要而深远的影响。20 年后的今天，作为世界第一贸易大国的中国对于历史的肯定给出了漂亮的回答。

加入世界贸易组织是中国改革开放进程中的一个重大事件，那么它与改革开放中所有其他重大事件的区别是什么呢？加入 WTO 巩固了我国过去和未来的改革开放，用专业术语来说就是将改革开放规则化，使其只可前进而无后退的余地。

一方面，入世巩固了改革开放的成果。加入 WTO 将对很多单一国家的承诺转变为普遍的国际承诺；另一方面，入世明确了改革开放的前景，使得改革开放的目标和未来采取的行动得以固化。

举一个有关外贸经营权的最典型的例子。在加入 WTO 之前，中国企业的外贸活动需要经过商务部专门部门的批准才能进行。然而在加入 WTO 后，企业无须经过审批，全民都可以通过多种渠道进行外贸，这对进出口发展的促进作用可想而知。由于这样的明确承诺，此后即使经历机构变动、走私增加等多重变乱，我国也从未重返审核制。反观国内的许多其他政策却经常出现“放了收、收了放”这般“拉抽屉”的情况。这就是入世与改革开放进程中其他事件的不同所在，它有一种不可替代的固化作用，使得政策规则令出必行，绝不回头。

魏尚进：中国已经是世界上 GDP 增长最快的经济体，以至被誉为“经济发展的奇迹”。而外贸增长速度居然还要高于 GDP 的增长速度，这便是外贸经营权普及化的成果。

杨国华：我们常说以开放促改革、促发展，改革和开放有着耐人寻味的关系。国内单向的、自主的改革有时确实会遇到来自各方利益集团的阻力，而加入国际体制能够从固化角度倒逼国内改革。加入 WTO 的 20 年来，我国政府贸易规则的透明度和规则遵守意识确实因此得到大幅提升，这对我国的社会进步产生了积极作用。

魏尚进：在中国刚入世时，国内最时髦的词汇之一就是与国际接轨。这不仅仅是一句口号，为了与国际接轨，为了成功加入 WTO，为了履行对国际社会的承诺，我国做了一系列和经济规则相关的改革，并由此促进了经济发展和社会进步。除了降低贸易、投资壁垒外，更多地是寻求与国际企业之间的合作，这使我们更好地理顺了政府与企业之间的关系，在很大程度上间接促进了民营企业的发展。

从1995年WTO成立到2004年左右，共有40多个新的成员国加入WTO，中国便是其中之一。这段过程给了我们一个很有意思的提示：凡是为加入WTO而费尽心力、自我革新的国家，其经济增长与社会进步往往都大大得益于此。入世作为改革开放的催化机制，其固化作用使得很多规则的改进变得不可逆。从企业的角度出发，新规则变得更有预见性，更有利于企业的长期投资。因此，即使有些国家享受了特殊待遇得以推迟改革进程，从长期来看却并不一定是有利的。

杨国华：这是一个非常耐人寻味的现象。在谈判时，我们总希望对现有制度少做变动，但经济发展的历史却证明了相反的命题——越多的改革往往越利于经济的发展。这对未来中国加入CPTPP的谈判也有借鉴意义。

中国始终遵守和维护WTO规则

魏尚进：在中国入世早期，国际社会对我国的加入满怀担忧。其一，担心中国不遵守规则，以致对其上诉过多而压垮上诉机制；其二，担心中国利用上诉机制和争端解决机制对他国展开报复性上诉；其三，担心中国不配合执行不利于中国的仲裁，以致出现二次甚至多次仲裁。然而研究数据表明，倘若将中国极大的贸易体量纳入考虑，以上担心事件的发生次数远小于其他的大体量贸易国的水平。由此可知，中国在 WTO 的 20 年一直尽力遵守和维护 WTO 的秩序和规则。

杨国华：从与 WTO 相关的市场准入准则和法律制度来看，我认为中国完全履行了对 WTO 的承诺。既然如此，为何仍有少量中国被告案件？其实这恰恰是 WTO 的争端解决机制职能，同时也是我国法治的体现：用法律手段解决争端，并执行相应裁决。我作为一个法律人，为我国作为主权国家在国际上表现出来的规则意识和法律意识感到无比自豪，这也是我对中国入世高度评价的来源。

魏尚进：虽然国与国之间常有摩擦，但同一国家内部企业间的摩擦也并不少见。例如，美国本土企业间的相关案件数要多于异国企业的相关案件数。出现争端本就是经济发展中的正常现象，而诉诸相对透明的规则本身也代表着一种进步。

从拒绝到拥抱：中国加入 CPTPP 展望

魏尚进：2015 年 10 月，包括美国、日本及加拿大在内的 12 个国家达成跨太平洋伙伴关系协定（Trans-Pacific Partnership Agreement，TPP），由此形成了具有先进性和代表性的“21 世纪的贸易投资规则”。

先进性意味着和 WTO 相比，其将从贸易领域延伸至投资领域，反映了新世纪国际经济发展迫切需要解决的问题。代表性意味着其12个成员国的文化、政治和社会制度在全球范围内具有代表性。后来，特朗普政府宣布退出TPP，剩下的11国将其继续推进，就形成了现在的CPTPP。

杨国华：2020年11月20日，国家主席习近平出席亚太经合组织（APEC）第二十七次领导人非正式会议时发表重要讲话称，中方将积极考虑加入CPTPP。从2015年对美国“重返亚太”战略持反对态度，到2020年5月国务院总理李克强表示“中方持积极开放的态度”，中国的立场经历了“反对——开放——加入”三个阶段。

中国加入CPTPP的效应有三点：其一，对中美关系的回应。过去四年，我们受害于特朗普政府采取的一些极端的、单边主义的政策。由于CPTPP是在美国主导下的谈判，加入CPTPP便是对其间接的回应，这对中美经贸关系的发展有促进作用。其二，促进WTO改革。CPTPP已经谈判形成的规则恰好是WTO改革的方向。例如，在企业改革方面，政府需要在国企和私企的竞争中保持中立态度，以创造一个公平的竞争环境，这是CPTPP的重要议题——竞争中立规则，也恰恰是WTO需要改进之处。其三，对改革开放的推动作用。与WTO同理，CPTPP的固化、不可逆作用能够倒逼国内改革开放。

总的来说，正如当年加入WTO，作为第二次入世的中国加入CPTPP将对未来的中美经贸关系、对WTO的改革以及对改革开放同样有着重要而深远的影响。

魏尚进：您将中国加入 CPTPP 提至第二次入世这样的高度，但国内也有一些人担心 CPTPP 的一些规定会限制中国政策的空间和企业的行为，导致中国企业国际竞争力的降低，您对此有什么看法？

杨国华：加入 CPTPP 的谈判是很严谨而细致的工作。真正的谈判并不是一味地被动接受，而是要主动规划。我认为，正是因为我国已经对相关产业、规则仔细研究并进行了可行性论证，才正式宣布我们要积极考虑加入 CPTPP。

魏尚进：倘若新的美国政府考虑重返 CPTPP，我们是否有必要争取在此之前加入，或是加入的时间点其实并不重要呢？

杨国华：诚然，早些谈判有其合理之处。但我认为从上述所言中美关系、入世、改革开放这三个角度来看，我们不应该惧怕美国，不应该将美国是否重返 CPTPP 作为关注重点。

2 高水平开放

鱼、熊掌或燕窝

——货币政策的跨境传播与“防火墙”的搭建

过去60年里，全球跨境资本的增长远高于世界GDP增速，最近的10~20年里，也高于货物贸易的增速。理论上讲，跨境资本会带来很多好处，所以很多国家对金融开放兴趣浓厚，尤其是发展中国家不愿“误了班车”；然而，跨境资本也可能会带来经济、金融的动荡，甚至会连带政治动荡，因此，很多国家害怕金融开放后反而弄巧成拙。从这层意义上说，金融开放像大海——可以载舟，亦可覆舟。

金融开放何以载舟？

从新古典经济学角度出发，金融开放有很多好处。因为，金融不开放，跨境资本流动会遇到障碍和额外成本。如果这是唯一的扭曲时，经济学上一般认为额外的成本越少越好。但还有一个重要定理是，当经济体存在多个扭曲时，仅仅去掉一项扭曲并不一定能提高经济的整体效率。因此，支持金融开放者认为，金融不开放（对资本跨境流动设限）是一种扭曲，所谓金融开放就是把跨境成本降到最低。而反对者认为，经济体存在很多扭曲，只去掉一项跨境资本限制或许整体结果更糟。如果决策者就此问题去咨询本国的金融机构，并不一定会得到准确的答案，因为金融机构从金融开放中获益，并不一定表明整体经济会获益。

但以上的讨论过分抽象，具体来讲，金融开放到底有什么好处、有什么风险？风险要如何管理？我们先从金融开放的好处讲起。

（一）降低融资成本

发展中国家企业融资难、成本高的问题很普遍，尤其是中小企业经常为融资头痛。金融开放可能会缓和融资难、成本高的问题似乎符合直觉，有没有实证研究支持这个结论呢？有两篇于2007年发表的文章值得关注。

Kristin Forbes 教授（2007）实证研究发现，国际上实行跨境资本限制的国家众多（包括中国）。其中智利在1991—1998年的资本账户管制常被人提及。智利政府官方表示，对不同期限的国际资本要区别对待。因跨境短期资本流动可能导致经济波动性加剧、对本国经济的冲击性提高，所以需要对其有所限制，打击短期投机行为，但对国际资本的长期投资是欢迎的。具体而言，资本进入智利后，如果三个月内要出去的话，智利政府会征很高的税，六个月后税相对低一点，若投资满一年则不征税。这个做法在Forbes研究之前，没人仔细做过实证。

Forbes发现不同企业所受跨境资本的限制不同。她采用“双插法”，比较了不同类型企业在资本管制执行之前、中、后不同阶段的融资成本的变化。实证结果显示，资本管制提高了企业融资成本，尤其是中小企业。大企业融资渠道比较丰富，或者其规避资本管制的手段较多，影响不是特别明显；但中小企业在资本管制的情况下，融资成本上升显著。如果中小企业是经济创新的主要来源和动力，资本管制会间接对经济创新产生负面影响。

我和张智威先生（2007）研究发现，无论资本账户的管制内容是什么，其表现的形式之一往往是对进出口贸易产生负面影响。一个国家一旦设了资本账户管制，就会担心企业或个人通过经常账户交易（包括进出口业务）来规避资本账户的管制。

有进出口业务就有规避资本账户管制的空间。假设有一家进口企业要进口一台价值100万美元的机器，但却报关200万，付给卖方200万后，让卖方把多付的100万放入进口企业的海外账户，这样钱就出去了。反过来，出口商同样有转移资本出境的空间。比如出口价值400万美元的产品，让对方只汇给出口企业200万美元，把另外200万放入出口企业的海外账户。如上所述，正常的经常账户贸易可能被用来规避资本管制。当然，贯彻资本账户管制的政府机构也不傻，它们会在海关派人监视、督察、审核进出口行为，尽量减少进出口价值虚报、错报的程度。这对实体经济是什么影响呢？即使正常做进出口贸易的企业，一定会被要求接受更为严格的申报程序，接受更为频繁、更为严厉的开柜检查。这个程序一定变相提高了经常账户进出口交易的成本。成本到底提高了多少呢？我们的实证研究发现，对跨境资本流动做限制，每增加一个方差，相当于关税提高 11 个百分点，这表明资本账户的管制对正常的贸易会产生很大的负面影响。

还有一些实证研究是根据股票市场对资本管制变化的反应来推算资本管制的效益成本。Bekaert、Harvey、Lundblad（2002 和 2011）三位学者发现，各国不同时期资本账户的限制有所不同。总的趋势是限制越来越少，但常有反复。具体到各国情况不一，如亚洲金融危机期间，马来西亚就增加了新的资本管制条款。在市场运作正常的情况下，公司股价的变化主要反映的是投资者对公司未来发展的看法。这三位学者发现，通常情况下，一国降低跨境资本流动限制时，股价会有所上涨，发展中国家表现更为明显。此外，历次政策变化对实体经济也有一定影响，当放松跨境资本限制后，上市公司的投资和销售也会有所增加。

这些实证研究表明，当对跨境资本流动施加限制时，融资成本及广义定义的经济活动交易成本会受到负面影响。跨境资本的限制越多，交易成本就会越高，对经济的负面影响就越深。

（二）提高风险规避能力

理论上说，金融开放的第二个好处是可以提高居民与企业的风险规避能力。对老百姓而言，明天、后天、大后天的消费可预测且比较平稳、理想，反过来，今天饿肚子、明天吃不完、后天又饿肚子，这样的情况最好不要出现。然而，一国 GDP 增速有上有下，个人收入又高度依赖于经济增长。因此，当收入波动风险无法规避时，老百姓的消费水平也会有大起大落的波动。

这和金融开放有什么关系呢？金融开放有助于降低本国消费和收入波动之间的纽带。当跨境资本可以完全自由流动、金融状况良好时，理论上，每个国家的消费是可以和本国收入波动分开的。假设全世界由本国和别国两个部分组成，当本国和别国相互拥有资产时，本国储蓄由两部分构成：一是所有本国企业的所有权，本国拥有一半；另一部分是别国资产，本国居民也有一半所有权。别国也如此。这种相互拥有资产的行为是金融开放的一种情况，其好处在于，当拥有的资产高度分散时，某一国、某一行业出现波动和负面冲击，对任何一国的居民而言，其整体收入的影响就小一些，从而对消费的影响也小一些。

全世界有 200 多个经济体。如果一国居民财富中有各国资产，财富构成比较分散的话，则其消费基本上就不受本国自身收入波动的影响。从这层意义上来说，如果金融开放能把一国的消费和收入之间的波动关系化解的话，意义很大。也就是说，金融开放是提供风险规避的手段之一。

在实际数据里，发达国家的消费波动远远小于 GDP 波动，而发展中国家当期的消费和收入则高度相关。这表明，如果通过金融开放可以提高居民抵御收入波动风险的能力，这对发展中国家的帮助尤其大。

许多学者想为这个推断找到实证支持，但绞尽几吨脑汁之后，还没有在实证中找到有力的支持。

（三）增加政策的纪律性

金融开放的第三个潜在好处是加强对宏观政策的纪律约束，从而提高它的质量。

很多发展中国家经济发展不好的原因不是政府不作为，而是政府乱作为。政府为了少数权势集团得利而损害多数老百姓的利益。这种情况下，金融开放的好处就是给政府官员做坏事增加了成本，这等于给可能发生的坏政策加了限制条件。

在未实行金融开放的国家，所有的资金都在封闭的环境里。坏的政策往往会同时降低老百姓的储蓄回报率与企业投资的整体回报率。一旦金融开放，当国内经济不好时，老百姓的储蓄就不会留在国内，企业在国内投资的欲望也会降低，资金跑掉的概率很大。资金跑得越多，不良官员能谋私利的空间也会缩小。从这角度看，金融开放对官员做坏事的行为做了限制，所以，在均衡情况下，干的坏事少一点，或者性质会少坏一点。这是逻辑，有没有实证支持呢？

Tytell 和我（2004）、蔡洪滨和 Treisman（2005）、Blouin、Ghosal 和 Mukand（2017）等都对此做了实证分析。有些是支持上述观点的，但支持力度不是很强。实证结果表明，金融相对开放的发展中国家，其货币政策制约较多，如高通货膨胀就很难在金融高度开放的国家发生，但金融开放对财政政策制约却不大。因此，一定程度上，金融开放给宏观政策的制定带来了更多的纪律性。

国际货币基金组织曾认为金融开放是好事情，应该推进执行。原计划在 1997 年 10 月的年会上，第一副总裁斯坦利·费希尔（Stanley Fischer）提议，成员国应将金融开放作为法律义务。但在年会召开的三个月前，泰国突然出现金融危机，并导致其他一大堆金融开放的国家都遭遇危机。金融危机的爆发证实金融开放并不一定全是优点，所以后来 IMF 放弃了这个提议。由此可见，金融开放不仅是纯粹学术上讨论的议题，而是整个国际组织、各国政府都在不断思考的事情。

很多学者认为，金融开放可能有好处，也可能有坏处，坏处是会带来很多经济波动、金融动荡。然而，很多事情都需要权衡利弊，总体而言，金融开放是好事还是坏事呢？金融开放对发展中国家的经济增长是否有正面的促进作用？对从金融不开放到开放、少开放到多开放的经济体来说，其经济增长的速度是否会随着金融开放的改革而提高？2003 年，我在 IMF 工作时，首席经济学家肯尼斯·罗格夫（Kenneth Rogoff）让我与其他几位同事在权衡各种因素后，研究成员国的金融开放到底该不该做。我们的研究团队对一百多篇文章进行了梳理，我们 2003 年的报告发现，很难得出“金融开放行为本身一定会带来经济增长”的结论。这是

IMF第一份准官方文件，对金融开放的利弊提出反思。随着时间的推移，目前IMF官方认为，发展中国家可能也不需急着追求金融开放，一定程度上的金融不开放，或者对跨境资本的流动做一些限制，可以看成是宏观审慎政策的组成部分。

制度不全的金融开放何以覆舟?

实证研究也帮助我们认识清楚经济体中具体有些什么样的扭曲会让金融开放的效果走样，从中我们可以思考有哪些预备性改革与配套改革可以改善金融开放的收益成本比例。

（一）本国金融制度扭曲影响金融开放

为什么有些发展中国家金融开放后反而出问题？这很可能跟其金融制度有关。假设一国在还未开放时，金融制度已在资源配置上存在很多扭曲，如商业银行、投资银行或中央银行把金融资源投放到效率相对较低的行业或企业，而效率高的经济主体反而拿不到资金，那么金融开放后会是什么情况？

多半的发展中国家在金融开放之后，资本会从境外流入境内。典型的发展中国家是资本比较少，劳动力比较多。在这种情况下，国外资本流入通过国内金融体系反而会使国内资本配置的扭曲进一步放大。这是因为效率低的企业会拿到更多融资，与本国效率高的企业差距拉大。如果这些低效率的企业做高风险的事情，通过金融开放，将加剧扭曲，风险更高。

（二）国际资本市场扭曲影响发展中国家的金融开放

这是国际金融领域的一个热门研究课题。很多学者指出，发展中国家和国际资本市场接触时有两个特征：一是，发展中国家要想从国际资本市场融资，一般会有总额限制。通常情况下，向国内银行借钱需要抵押；同样，在国家层面上，发展中国家要去国际资本市场上融资，国家会有可抵押资产的总体限制。二是，一般情况下，发展中国家只能以国外“硬通货”向外融资，如美元、欧元，尤其是美元。只有少数大国可以做到用本国货币进行交易。

这两个特征是事实，这个事实和金融开放有什么关系？多半的企业去国际资本市场上借钱时，只考虑自己应该借多少，并不思考个体融资行为和整个国家融资上限之间的关系。对发展中国家来说，国际资本市场投资者只有看好该国经济时，才愿意给该国企业融资、发债。当国家存在总体融资上限时，个别企业在外每多借一块钱，都相当于降低了其他企业的借款能力。因此，个别企业的国际资本市场融资行为具有外部性。单个企业的融资额相对于社会最优融资额来说，可能占用太多。

对于这种情况，中国的外管局和央行管得比较严，中国企业海外融资规模是有控制的。即使这样，从个别企业角度来说，是不会考虑国家的，而是有钱赚就去做。可以想象，如果没有对每个企业加以限制，企业都按自身认为最佳规模去借钱，整体融资额很可能超过国家从金融安全角度出发的极限。此外，多半企业往往是以美元的形式在国际资本市场上融资，而多半国家的外汇储备又比较紧张。所以，境外融资规模很快就会突破本国外汇储备能支持的比较安全的举债极限。因此，当金融完全开放时，各企业、居民去资本市场上融资的行为可能会超出国家和社会最优程度。从这个意义上说，不对国际资本加以限制，反而会增加风险。

同时，受国际资本市场投资意愿波动的影响，风险还会加大。国际资本市场，投资者的投资意愿往往会有波动。有时，投资者的投资意愿较强，如美国、欧洲投资者，在本国利息率比较低、本国资产回报率比较低的情况下，可能非常愿意投资给发展中国家。过几年情况可能会发生变化，本国的资产回报率上升，投资者就不愿意投资境外产品，就可能造成融资者资金链断裂。研究文献把它称为“国际资本情绪波动”。这种情况下，发展中国家金融开放也会带来更多的金融风险。

（三）劳动力市场扭曲影响金融开放

发展中国家可分为两类：一类是劳动力市场相对灵活的，如2008年前的中国；另一类是劳动力市场相对不灵活的，如巴西、印度。杜清远、聂军与我的研究发现，在劳动力市场相对灵活的发展中国家，金融开放有助于增加就业，改善经济。而在劳动力市场不太灵活的发展中国家，金融开放和失业率却是正相关的。换言之，金融开放会造成资本外逃，结果投资下降，失业率反而升高。

对发达国家来说，不存在发展中国家的这种金融越开放失业率越高的情况。劳动力市场相对不太灵活的高收入国家，比如说法国、德国，也呈现金融开放程度越高、失业率越低的特点。所以金融开放会造成失业率上升的现象主要发生在劳动力市场不太灵活的发展中国家。

国家资本和投资回报率取决于很多因素，平均生产力和经济发展水平是其一。高收入国家平均生产力高一点，低收入国家平均生产力低一点。另一个因素是劳动力市场的灵活性。劳动力市场灵活性欠缺，愿意做企业的人少，企业扩张的行为少，经济活动就不太景气，资本回报率也会下降。因为资本回报率由这两个因素决定，所以对发达国家来说，因其总体效率足够高，资本开放后会吸引资本市场，即使劳动力市场不太灵活，其负面影响也不是很大。发展中国家的生产率较低，如果劳动力市场又不灵活，两大因素叠加就会造成本国资本回报率的下降。这时，金融越开放反而越会造成资金外流，从而进一步拉升本国融资成本，恶化本国就业状况。因此，对发展中国家来说，如果本国金融之外的其他生产要素——劳动力要素存在较大扭曲，金融开放往往会适得其反。

（四）公共治理情况影响金融开放结果

公共治理，通俗来说是指政府运作效率、对产权的保护程度及对腐败的控制。Engel 和 Park（2017）研究发现，影响发展中国家的风险因素之一，是国际资本市场不能用本币融资，而要用外币融资。为什么发展中国家不能用本国货币去融资？投资者主要担心的是很可能会出现贬值的问题。这实际是投资者对有宏观政策风险的被投资国的担忧。因此，所谓国际资本市场扭曲也可以追溯为本国部分政策机制的缺陷。

我和我的学生周婧（2017）研究发现，国家层面的资本结构也会影响一国的风险。国家层面的资本结构主要表现为两个方面：① 国际资本市场债权融资的期限，期限越短、风险越大，期限越长、风险越小；② 股权融资与债权融资的相对比例也会影响经济整体的风险。如果股权融资的比例足够高，一旦本国经济基本面不好，本国和国外以股权形式提供资金的投资者将一起承担风险。所以对被投资国来说债权相对于股权风险大一点。

那么一国的资本结构是由什么因素决定的呢？实证发现，一般来说，当一国公共治理比较差、腐败严重时，国际市场上很少会有人愿意以股权形式参与投资，因此，债权的比例会较高。此外，从债权结构看，当投资方对本国治理不太放心时，要么不给钱，要么坚持用短期债权的方式给予融资，从而短期债相对于长期债比例比较高。也就是说，高风险融资形式的占比较高。

一国之内，企业的资本结构同样也受公共治理质量的影响。企业融资，可以是股权或债权，债权可以是短期债或长期债。但国与国之间的情况很不一样，这些国家之内企业的资本结构往往也很不一样。以中国为例，国内一般贷款品种以短期为主。中国的银行一般不愿提供长期贷款。银行的长期贷款品种主要是以房子为抵押品的按揭贷款，除此之外的融资产品大多是三个月、一年或三年。而在很多其他国家，五年、七年、十年的贷款比较普遍。

出现国与国之间很不一样的因素有很多。我和周婧认为，其中之一是出资人对风险的判断，而这又和国家治理有关系。比如在某省/市借给别人钱，哪天他不还或者少还，同时又能搞定当地的法官，你就不愿意借钱。因此，出资方思考融资方信息是否真实、是否能搞定当地的法官和出资方是否能有效维护自己权益等问题，决定了当地金融市场的均衡资本结构。

公共治理比较差的表现形式是腐败，但这只是其表现之一。当治理不够好、有欠缺时，不管从国家角度还是企业角度，融资结构中债权比例往往偏高，而债券融资中短期债又偏高。这两个结构特征都会增加金融风波的概率，进而对实体经济产生负面影响。

综上，金融开放要成功需要很多配套改革或预备性改革，包括降低国内金融体系的扭曲、提高效率，防范国际资本市场风险传导和国内其他要素市场改革，特别是国内劳动力市场改革，以及相关配套公共治理、反腐、依法治国的改革。

为了让金融开放成功，哪些方面的改革属于预备性改革，需要先做；哪些属于配套性改革，需要同时做？对此，现有的研究还没有成熟的答案。改革者还需在实践中多实验、多摸索。

货币政策如何远离多事之秋?

金融市场永远是在“多事之秋”，不断有不同的事情发生。关于发展中国家如何受国际金融市场动荡或别国货币政策冲击的影响，最经典的理论是经济学诺奖得主、哥伦比亚大学教授蒙代尔提出的“三元悖论”。“三元悖论”可以分成狭义理解和广义理解。狭义上，灵活的浮动汇率制度、完全开放的资本账户和独立的货币政策，这三者“鱼与熊掌、燕窝不可兼得”，必须要放弃至少一个。

但多数教科书、经济学家、国际组织都认为“三元悖论”的含义不仅仅限于这一点，他们往往会再加一句“如果一个国家想要货币政策自主权，那就需要或者实行资本账户管制，或者推行浮动汇率制度”。因为资本管制会造成效率损失，所以很多学者与国际组织的官员认为发展中国家应该加速过渡到浮动汇率制度。这是“三元悖论”的广义解释，但不是蒙代尔的原话。

为什么要对“三元悖论”做如此区分？因为对这两种讲法的实证支持很不一样。迄今为止，没有发现任何文章、任何实证否定狭义解释的“三元悖论”。世界上所有经济体也找不到反例来表明蒙代尔“鱼与熊掌、燕窝不可兼得”是错的。但是，“三元悖论”广义解释的后面一句话，在实证里并不一定能得到支持。

具体来说，笔者和童辉博士（*Review of Financial Studies*，

2011）发现，2008 年国际金融危机起源于发达国家，而发展中国家被动接受金融危机，但不同的发展中国家受危机的影响很不一样。中国受到的影响相对小一点，中国之外的发展中国家所受影响也有大有小。到底是什么使不同的国家受国际金融危机影响的程度不一样？我们用微观企业数据研究发现，金融开放结构会影响危机中的实体经济。金融危机对实体经济负面影响的具体机制，不管是发达国家还是发展中国家都表现为，金融危机下金融机构对实体经济、对风险的判断很不放心，不愿意把钱借给实体经济。结果很多实体企业拿不到资金，融资萎缩，造成实际投资下降，进而影响就业和经济增长。

但不同国家情况很不一样。在危机前，发展中国家在国际资本市场的融资结构可分成两类：一是融资主体是债权、又以短期负债为主的发展中国家，2009—2011 年实体经济、投资增长下跌很快，失业率上升很快；而另外一些股权比例较高、债权比例较低，或者债权中长期债较多的发展中国家，2009—2011 年表现相对较好，实体经济负面影响较小。

我们研究中同样重要的一个发现是，浮动汇率制度并没有起到把发展中国家的本国经济和国外的负面冲击割断的作用。虽然按照国际金融学理论，如果一国有高度灵活的浮动汇率制度，就提供了将本国经济和国际金融动荡割断的条件。据此，一般认为实行浮动汇率制度的发展中国家，受国际金融危机的影响小一点。然而，实证并不支持此结论。实证表明，不管国家有没有浮动汇率制度，只要金融结构不好，就容易受到负面影响。

H. Rey 在 2013 年联储会议演讲中最精彩的部分在题目里面，即只有“二元悖论”，没有“三元悖论”。当然其所谓的没有“三元悖论”，并没有否定蒙代尔提出的狭义定义。她认为，发展中国家有没有浮动汇率，并不影响其跨境资本流动的格局。从跨境资本的角度考虑，当全球经济比较好时，资本会从发达国家流动到发展中国家；当经济不好时，资本会反向流动，离开发展中国家。因此，资本流动的格局受全球性因素的影响很大，和个别发展中国家具体的汇率制度基本没有关系，在这意义上没有“三元选择”。

那为什么是“二元悖论”呢？因为，这和该国有没有资本账户管制有关。当资本管制较严时，本国经济的运行和跨境资本的流动就与国外的风险因素相互隔绝；如果没有资本管制，金融开放程度就比较高，不管有没有浮动汇率制度，所有发展中国家都是一个格局。这个观点同我和童辉的研究高度吻合。

虽然这对“三元悖论”广义解释做出了挑战，但 H. Rey（2013）只是给出了一些作为间接参考的数据，并未直接检验发展中国家货币政策的操作是否受其他国家尤其是美国货币政策的影响，美国货币政策的变化是不是会传递。

美国货币政策对发展中国家货币政策的传递，是否会受资本账户限制，是否会受该国名义汇率制度灵活性的影响？这实际上是检验“三元悖论”“二元悖论”最直接的做法。这方面的研究最近几年有一定发展，但都有些欠缺。主要欠缺在于，一般研究的是发展中国家货币政策的变化和美国货币政策是否同向：若是同向，就说有传递；若不同向、零相关或负相关，就是没有传递。这种做法的问题在于，两种不同因素可能造成两国央行做相同的事情。例如，在没有国外货币政策传递的情况下，本国基本面要求做的事情和美国的基本面要求美国央行一样，这就好像是正向对应，但这本身并不一定表明存在货币政策的传递。有时候本国基本面的变化，碰巧与美国的基本面的变化同向。这时候如果两国货币政策变化同向，并不一定表明有政策传递。不同国家基本面发生同向变化的概率并不低，比如全球性的技术冲击、全球性的大宗商品价格冲击，都可能引致不同国家的基本面发生同向变化，从而造成货币政策发生同向调整。

关于这个问题，我和韩雪辉博士提出了一些研究方法论上的创新并做了检验（*Journal of International Economics*，2018）。我们认为，正确的做法应该是，首先不管别国央行做什么，只看本国基本面发生变化后，本国货币政策应该做什么；在此基础上，再看实际货币政策操作过程中，除本国基本面要求发生的变化外，还有没有受美国货币政策的影响。如果在控制了本国基本面对货币政策提出的变化要求之后，还发现了一些额外变化，而这些额外变化和美国货币政策是同向变化，则可以定义为有传递，否则就是没有传递。

我们的实证显示，当考虑本国的基本面因素后，对于金融高度开放的发展中国家而言，有没有浮动汇率制度对美国的货币政策是否传递到该发展中国家没有影响。只要金融高度开放，本国货币政策总会受制于美国货币政策。换言之，当美国降息，本国的基本面显示不该降息，或者不应降那么多时，这样的发展中国家还是会跟着美国降息。但很有意思的是，当美国升息时，有浮动汇率的国家倒不一定跟着升息。因为，当美国升息时，如果什么都不做，美元升值、本币贬值，多半发展中国家觉得这种情况可以接受；而当美元降息时，如果什么都不做，本币有可能要升值，多半发展中国家不愿接受此类情况发生。从这个意义上讲，浮动汇率制度提供了部分自主权，但没有起到完全的、实质性的自主权。

那么有什么金融政策组合可以阻断美国货币政策对发展中国家货币政策的影响呢？我们的实证研究表明：只有当资本账户、资本跨境流动有较多限制时，央行政策才能只看本国基本面，不看其他国家货币政策的变化。

综上所述，“二元悖论”或“三元悖论”的说法都不准确。据此，韩博士与我把文章的副标题定为：在“二元悖论”与“三元悖论”之间。

如何正确衡量实际有效汇率

对不熟悉经济领域的人来说，实际有效汇率（REER）可能听起来有些晦涩，但它却是最重要的国际金融指数之一。REER 是一种综合指数，用以追踪一个国家及其贸易伙伴所生产商品的价格差异。在相同条件下，一个国家的实际有效汇率的增长表明其贸易竞争力的减弱。经常账户的加剧失衡往往与实际有效汇率均衡值的偏差有关。

鉴于 REER 对经济政策的重要性（例如在中美贸易谈判中），各国央行和国际金融机构都投入了大量的资源对其进行计算和分析。但是，随着全球价值链（GVCS）逐步被广为接受，相应的计算和分析方法已变得不合时宜。国际组织与大多数中央银行通用的、已有文献里常见的关于实际有效汇率的标准计算方法忽略了贯穿各国生产过程的全球价值链。将这一因素纳入考量让我们更准确地计算 REER，进而对汇率如何影响一国的竞争力可以做出更精准的刻画。因此，我们和王直共同提出了一种新的 REER 计算方法，以解决目前的缺陷[1]。

大多数中央银行和统计机构对 REER 的标准计算是基于各国只出口最终产品的假设。但全球价值链将不同的生产阶段分配到了不同的国家。这种现象的产生得益于技术的进步、贸易壁垒的降低，以及新兴市场与全球经济的紧密融合。忽视这一现实可能会导致对 REER 的重大误判，从而导致不当的政策推断。

---

[1] *Global Value Chains and Effective Exchange Rates at the Country-Sector Level*, NIKHIL PATEL, ZHI WANG, and SHANG-JIN WEI, *Journal of Money, Credit, and Banking*, November 2019.

为了弄清标准方法是如何出错的，我们可以设想一个智能手机生产的价值链。假设日本制造这些零部件，并将其运往中国，在那里组装成手机，并作为成品出口到全球。传统的REER模型假设日本向中国出口最终产品，且两个国家是竞争对手。因此，日元贬值将有助于提升日本的竞争力，并损害中国的竞争力。

然而，在新的模型下，日元走弱将降低日本零部件的价格，从而导致中国生产的手机价格下跌，需求增加，进而提高中国的竞争力。这个例子说明，标准的REER计算不仅在幅度上出错，而且在变化方向上也是错误的。

我们提出的框架旨在解决这些问题。它还为一个国家内的各个产业部门提供了计算REER的方法。这使得我们可以评估不同经济部门的竞争力，并确定哪些部门是该国总体REER的主要推动力。

将全球价值链纳入考量，改变了我们对于人民币兑美元的双边实际汇率的理解。在2001年加入世界贸易组织（WTO）之后，中国的全球贸易量大幅增加。与此同时，美国长期以来一直将其不断攀升的经常账户赤字归咎于据称被低估的人民币汇率。

尽管中国对美出口总额相当可观，但中国在几个全球价值链中基本处于“下游”。这一点在智能手机和电子产品的生产中得到了体现。因此，中国出口的大部分产品代表着中国以外其他国家生产的零部件所嵌入的附加值——包括来自美国自身的巨大份额。此外，美国相对于中国的竞争力更多地取决于两国在电子等贸易部门的价格差异，而非房地产等经济中非贸易部门的价格差异。但是，常用的 REER 总体度量方法并不体现这些区别。

一旦将这些因素纳入考量，我们的分析则表明人民币兑美元的实际汇率呈现出明显而持续的升值趋势。在标准的计算方法下（2005 年中国放弃盯住汇率制之前）人民币经历了一个实际贬值的过程，其后又有所升值，但升幅小于传统模型的计量结果（见图 2－1）。

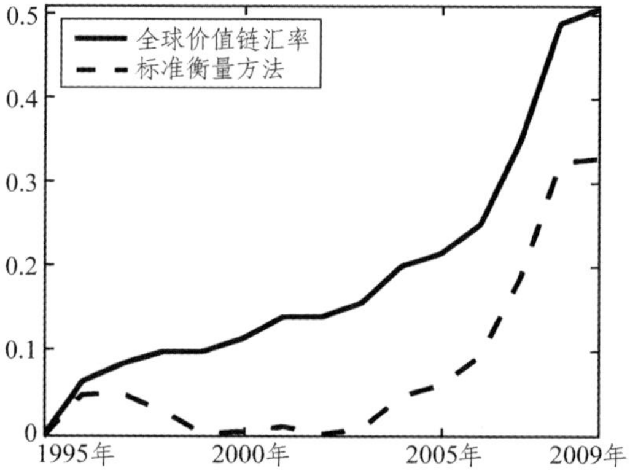

图 2－1　中国—美国实际有效汇率趋势（1995—2009）

同样，对于欧元区来说，我们基于全球价值链汇率的衡量方法表明，希腊相对于德国的竞争力丧失（或实际有效汇率的增长）比标准衡量方法所显示的更糟。因此，希腊在欧元区危机爆发前那个时期的竞争力其实更弱。之所以出现这种误判，是因为标准的 REER 计算是基于德国通胀率与希腊通胀率的差异程度进行的，但它低估了全球价值链所造成的影响（见图2－2）。

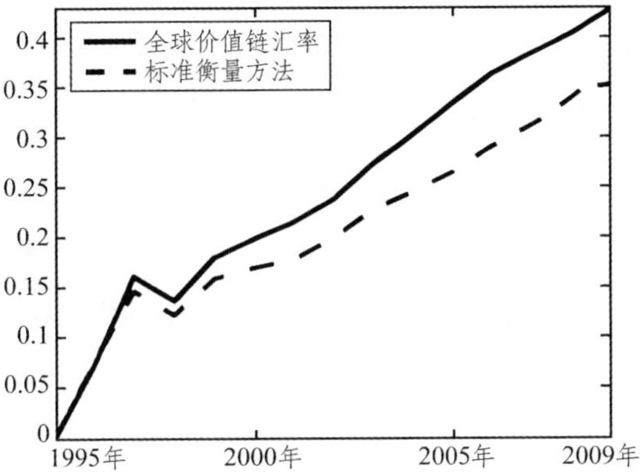

图2－2　希腊—德国实际有效汇率趋势（1995—2009）

实际有效汇率绝不只是经济学教科书上的一个理论概念，它具有重要的现实意义。对它进行更精确的计算可以降低经济政策误入歧途的风险，而这也可能导致政策制定者就采取何种措施得出一些截然不同的结论。

汇率走向自由浮动是人民币国际化的题中之义

汇率制度的选择是一国货币体系的重要组成部分。当今世界上主要有三种汇率体制：自由浮动汇率制、有管理的浮动汇率制和固定汇率制。中国自1994年外汇改革以后，一直实行有管理的浮动汇率制；1997年亚洲金融危机后，改成人民币盯住美元的政策。随着国际国内形势的转变，2005年中国再次实行重大汇率改革，人民币不再单一盯住美元，而是选择若干种主要货币组成一个货币篮子作为参考。2015年，央行进一步推出“收盘价+篮子货币”的新中间价定价机制，中国外汇交易中心正式发布人民币汇率指数（CFETS），人民币汇率报价机制进一步走向市场化。

2020年，人民币兑美元及CFETS篮子汇率均创出历史新高，分别升值了6.5%与3.8%。可见，人民币的强势已经得到各方共识，同时也反映出中国经济实力的提升。作为全球第一大贸易国、世界第二大经济体，中国已经具备了主要基础和条件来支撑一个灵活的汇率制度。那么，中国为什么将走向人民币汇率自由浮动？人民币汇率自由浮动又会为中国资本市场带来什么影响？

国际货币基金组织中国执行董事、中国人民银行金融研究所原所长金中夏以“人民币汇率走向自由浮动的必要性与可行性”为主题，与笔者展开深度对话。

汇率改革要坚持汇率的灵活性

魏尚进： 汇率与资本市场管制有较强联系。在过去的几年中，中国的资本市场上资本流动管理严格，汇率缺乏灵活性，汇率扭曲较少。1997 年东南亚国家出现汇率危机、债务危机的背景之一就是汇率缺乏灵活性但资本账户相对开放。汇率市场的干预和跨境流动资产的管理是相辅相成的。在过去的五六年中，中国在跨境资本流动方面做了很多的改革，提升了资本流动的开放度。这不仅体现在直接的资本流动管理上，也有许多通过证券市场、资本市场的间接的改革。跨境资本流动自由度增加后，非自由浮动的货币和汇率所带来的扭曲和风险也增加了。所以，从这个角度也强调了增加汇率灵活性的必要性。

金中夏：汇率的灵活性是资本市场开放的前提。如果我们的目标是稳定汇率，我们就会采取各种管制措施限制资本交易。所以在固定汇率制下很难开放资本市场。

当前我国面临的外部形势发生了很大的变化：第一，面临着保护主义和地缘政治环境恶化的挑战。我们过去以某个主要货币为锚来实现全球经济一体化的做法已经过时。第二，一些排斥中国的区域性自贸协定相继形成。中国日益面临被主要贸易集团分隔和排斥的全球市场。虽然《区域全面经济伙伴关系协定》的谈判达成极大地缓和了上述逆全球化的风险，但未能从根本上消除。

汇率改革的必要性逐步彰显。我国虽然已经成为世界第二大经济体，但严重依赖第三方货币与多数国家进行交易，汇率风险和汇兑成本过高，还因此面临国外对华金融制裁的威胁；我国的货币金融体系对于贸易和投资走向世界的支持和带动能力严重不足。

未来中国只能立足于自身的大规模市场，用自己的货币和生产能力去开拓国际市场。而实现上述目标的第一步，就是实行灵活浮动的汇率制度。如果在过去人民币汇率的自由浮动、资本市场的开放和人民币国际化，尚且只是快慢与好坏之分的权衡，那么现在这些实际上已经成为生死攸关的抉择。

采取灵活的汇率制度有以下几方面的优势：第一，能及时应对各种外部冲击，保障国际收支平衡；第二，能将外汇市场从不可持续干预和强制外汇管制中解放出来，从而保持宏观经济平衡以及贸易和资本交易的正常运转；第三，可以放手发展在岸国际金融城市，摆脱对离岸金融中心的依赖，实现人民币的国际化和循环流通。第四，可以形成自主可控的全球供应链，促进国内循环和国际循环的统一。

应当看到我国已经具备了主要的基础和条件来支撑一种灵活的汇率制度和人民币的国际化——我国的 GDP 总量、进出口总额、国内投资消费和资本市场的规模在世界上都名列前茅，具有大型开放经济体的特征；人民币已经被纳入国际货币基金组织的特别提款权，成为国际储备货币。这些都为我国汇率制度改革提供了可能性。

魏尚进：汇率改革也与进出口贸易有关。美元的全球金融地位的表现形式之一，就是国际贸易中经常采用美元作为计价单位。

这不仅仅是指美国参与的贸易，就算美国之外的其他国家之间的贸易，大多数也都是以美元计价。以中国为例，即使人民币国际化已经推行多年，中美之间的贸易主要还是以美元计价。中国和其他国家的双边贸易中采用人民币计价的比例也不会超过20%。这种背景对于指导汇率改革有重要的政策意义。如果很多进出口商在国际货物销售中主要以美元计价，那么采用完全自由浮动的汇率政策就无法对进出口商相对价格产生影响。因此，在我国进出口美元计价比例高和进出口占GDP比重高的“双高”背景下，汇率改革的方向是在让市场扮演更重要角色的同时，适当管理名义汇率的波动，或许不需要采用完全的汇率浮动制。

金中夏：汇率对进出口和国际收支失衡的调节作用确实是近几年的热门话题。有一种观点认为，如果国际贸易中主要采用国际上占统治地位的货币来计价，这时汇率的灵活性可能就没有那么重要。即使汇率有波动也未必影响进出口商品的定价。对这种观点是有很大争议的。

至少从中国的实践看还是要提倡汇率灵活性。灵活性的好处到底在哪里？简单来说，假设中国有高达60%~80%的外贸都采用美元定价，汇率的波动虽然不一定会马上改变美元定价，但却会立即反映为人民币的损益。不利的损益变化可能不会使进出口商马上倒闭，但它们也必然无法依据折算成人民币的损益马上调整生产和需求，这种调整有一定的滞后性。相关理论的研究结果表明，汇率的变动在短期内对进口影响较明显，对出口影响不明显，就是因为调整滞后效应的存在。但如果把时间放宽到中期，那么就会发现进出口贸易对汇率变动还是很敏感的。因此，正因为汇率波动对于以本币计算的进出口贸易损益有实质性的影响，汇率的灵活性和及时调整才显得重要。对汇率的干预会使货币政策的自主性受到损害，减少汇率干预会增大货币政策的自由度。

此外，从国家的整体利益出发，汇率的灵活性也是必要的。这是人民币国际化的必然要求，不能灵活调整的汇率必然伴随着一系列的管制，就会增加使用成本，难以被广泛采用。

魏尚进：汇率是一个经济体最重要的金融相对价格之一，它是其他许多跨境商品和资产相对价格的基础。汇率的变动往往会引发一系列的连锁反应。关于汇率改革，我们是否可以换一个角度看，从央行的政策“工具箱”来看，调整利率或货币供给是一种工具，在汇率市场上进行干预是另一种工具。从有管理的浮动汇率制度到完全的、“清洁”浮动汇率制度的过渡，可以看成是一国主动放弃工具箱的一个工具。在“双高”的国情下，我们需要问的问题是，应该选择的是两个工具双管齐下，同时发挥两方面的作用，还是只用一个工具，可以达到更好的效果。

汇率改革要考虑市场扭曲

魏尚进：如果我们把央行对于汇率市场的高度干预造成名义汇

率不能完全吻合基本面看作是经济中唯一一种扭曲的话，那么消减这种扭曲会提高经济效率。但在现实经济中存在着各种各样不同的资源错配的扭曲，有一些企业因为所有制的不同，它们对利率、汇率等市场金融价格的反应和理想中的经济或成熟市场经济体的反应是不同的。这时候只去掉汇率市场干预这一个扭曲的话，整个经济的效率是否一定改善呢？经济学中有一种逻辑叫作次优定律——如果存在着不同的扭曲却只是针对其中一个进行改革而不是兼顾全局，最后的结果未必会向更好的方向发展。这对于汇率改革是不是同样也适用呢？考虑到所有可能存在的扭曲和资源错配，我们在汇率改革的过程中还需要什么样的配套措施呢？

金中夏：扭曲分为不同层次，有的是基础性的扭曲，有的是表层的扭曲。汇率是经济中最重要的价格之一，一旦汇率发生扭曲，对任何表层扭曲的纠正都难以弥补基础性扭曲带来的伤害。我认为汇率走向开放和自由化是从基础上对经济的矫正，它不要求首先纠正其他扭曲，也是一种次优的选择，相比于表层和局部的校正，更能产生全方位的正面效应。

魏尚进：在我国历史上至少有三次，在面临外部冲击的情况下，国内的汇率政策对名义汇率的波动做出了较强的干预。这的确会对国内的商品价格、资产价格造成较大的扭曲。

金中夏：对，这可以采用多国家、长时间的历史数据进行研究验证。以贬值趋势下的汇率干预为例，如果我们想要阻止贬值，就要采取抛出美元、回收人民币的措施。这种干预实质上就是在紧缩货币供应。持续的干预导致持续的紧缩，最终就会使整个经济体出现通货紧缩的倾向。这种紧缩可以是高通胀向低通胀的发展，也可以是低通胀向通货紧缩的演变。这个规律在我们研究的几十个国家中普遍存在，在统计上是显著的。

通货紧缩会导致实际利率水平上升，因为首先是直接影响了企业的PPI（生产价格指数），企业的产品售价越来越低。但企业借入资金时使用的是不变的名义利率，这个名义利率减去负的物价指数，就是一个更高的实际利率。因此在通货紧缩的情况下，名义利率不变，但实际利率升高，而产品的卖价越来越低，企业很容易亏损，并陷入债务危机。

除了对企业的影响，实际利率水平的急剧上升也会抬高投资者投资资本市场，包括股票市场和房地产市场的机会成本。在名义利率固定而通货紧缩的条件下，银行存款的实际收益会不断攀升，而投资资本市场则相对具有更大的风险。如此，资金在不同金融资产之间的转移就容易触发资产价格的下跌。如果不巧碰上资产价格泡沫，那么很容易导致资产价格的崩溃。

魏尚进：原则上说，一个国家的央行在外汇市场上进行干预并不一定会直接影响其国内的货币供应状况，因为有所谓的“对冲政策”存在。但是国际经验表明，对冲政策有足够高的成本使得大多数央行无法或者不会去选择100%完全对冲外汇市场干预的影响。另外，即使管住了名义汇率，整个资本金融市场还有很多其他的渠道，如通过物价和资产价格的调整做出反应。而这另一种的表现形式会不会给经济带来更大的负面结果，也是尚未可知的。

金中夏：我上面的分析是考虑了央行对冲政策的，在实践中对冲往往是不完全的。对冲本身也是有代价的。例如，央行为了遏制人民币的升值趋势，大量投放人民币并买入外汇，就会导致通货膨胀。此时采取对冲政策要向通货紧缩方向调整。如果央行通过发行央票来回收人民币，就要提供一定的利息给投资者，这样央行就产生了成本。或者央行可以提高存款准备金率，以低成本回收流动性，这就把成本转嫁到商业银行，又由商业银行通过提高贷款利率转嫁到需要借入资金的企业。因此，天下没有免费的午餐，我们对汇率制度的选择、设计和改革必须考虑到为此而付出的所有代价。

人民币国际化：内需为动力，风险可激励

魏尚进：新冠肺炎疫情发生以来，美国央行实行力度较大的宽松货币政策，造成美元贬值，而人民币相对升值。在这样的背景下，人民币国际化的发展是否有进一步加强呢？

金中夏：美元贬值、人民币升值，似乎只有人民币升值才是人民币国际化的必要条件。但实际上，从长远来看，人民币的国际化不应该受一时的汇率变动所扰。人民币国际化趋势的根本原因在于我国的经济规模，在于我国国际交流之广度和深度都达到了

很高的水平，在于人民币的币值处于动态稳定的状态。如果不推行人民币国际化，在国际贸易中大量采用第三国货币会带来高昂的成本，包括汇兑成本、汇率波动风险、国际风险的传递等。这些是人民币国际化的根本动力，升值贬值都只是一时之势。

魏尚进：汇率走向自由浮动后，金融市场必然会出现更多的汇率衍生品交易。如何管理风险，鼓励和扶持汇率衍生品市场发展？类似的金融衍生品在协助管理风险的同时，是否也为投机者打开了窗口、会增加市场波动性的风险呢？

金中夏：汇率波动性的提升自然导致对衍生品需求的增加。这是用市场的方法管理汇率风险，同时也要用市场的方法管理衍生品风险。在外汇衍生品市场包括外汇期货市场的风险管理方面，国际上有成熟的经验。从市场准入、杠杆率上限、市场头寸限制到相关银行的头寸管理等都有很多行之有效的办法，我国金融部门可以加强服务，推动产品的普及，提高使用率，降低成本。布雷顿森林体系崩溃后，在美元汇率大幅度波动的情况下，芝加哥外汇期货市场帮助美国投资者和贸易商有效锁定汇率风险，这个经验值得我们研究借鉴。

另外，人民币汇率的波动和外汇衍生品市场的发展的确会带来投机因素，但实际上汇率不动也会引致投机。根据发达国家的先例和相关风险管理办法，外汇市场的投机是均衡汇率发现过程的重要组成部分，在集中的外汇期货市场平台上，可以更加有效地管理相关风险。像次贷危机那样大的危机，不是发生在成熟的外汇衍生品市场，实际上有经济体和金融领域更深层的原因。衍生品市场上出现的个别风险案例不能否定衍生品市场在风险管理方面所起到的更大的积极作用。

人民币国际化要兼顾顶层设计与市场机制

第二次世界大战以后，美国凭借超强的政治、经济和军事实力逐步建立起了以美元为主导的国际货币体系。美元霸权的建立和演化既有布雷顿森林体系、牙买加协议等顶层设计的作用，也离不开市场的选择，两者相辅相成，缺一不可。当前美国贸易约占全球贸易的10%，但近50%的全球贸易以美元计价，这并非靠布雷顿森林体系或牙买加协议强行规定，而是各国央行、企业鉴于美元流动性、稳健性、网络效应等优势自主进行市场选择的结果。

美元的市场地位还反映在危机来临时，持有美元相对其他货币的保值程度。美元在他国出现金融危机时通常会升值，甚至2008年那场源于美国自身的全球金融危机也造成了美元的升值和全球对美元资产需求的增加。这一方面源于美元的抗风险特性，另一方面源于美国政府声誉的隐性担保。这种美元因危机升值的趋势也强化了全球企业和居民持有美元资产的动机。

当前，人民币国际化进程不断加速，美元取得“霸权”地位的过程对人民币国际化有何借鉴意义？在吸取欧元、日元等货币国际化经验的基础上，中国又当如何兼顾顶层设计与市场机制，让人民币国际化的步伐走得又快又稳？就此话题，笔者与西班牙对外银行亚洲首席经济学家夏乐展开深入分析。

美元霸权能否维持

魏尚进：美国早已在全球建立了以美元为主导的国际货币体系，但这一机制仍会面临崩溃的情况。每当美元面对外来冲击的时候，美国会采用哪些政策或工具来维护美元的霸权地位呢？

夏乐：我认为新冠肺炎疫情的爆发为我们提供了一个非常好的观察视角。2020 年 3 月，随着疫情在美国逐渐呈现出不可收拾的局面，全球出现了非常严重的“美元荒”。针对这一情况，美联储利用与 14 国中央银行现有和新签订的货币互换协议，频繁使用央行间货币互换，有效缓解了全球美元流动性危机。未来央行货币互换可能成为美联储的常备性工具，以维护和保证美元的世界地位。

虽然美联储可以通过一些政策或工具来维护美元地位，但当前美元霸权的内在矛盾仍然存在，美国的净国际投资头寸（一个国家的私营和公共部门拥有的外国资产价值减去外国人拥有的国内资产价值）在过去十年呈持续恶化趋势。截至 2019 年年末，美国净国际投资头寸已经由 1980 年占 GDP 总额 10.4%的盈余，变为占 GDP 总额-51.3%的赤字。对于美国和全球经济而言，一种相对温和的调整方式是美元在未来的一段时间内持续贬值。因为在美元贬值情况下，美国持有的海外资产事实上是在升值，海外持有的美国资产则在贬值。此消彼长之下，美元贬值可以帮助美国的净国际投资头寸回归到一个正常水平。但美元的持续贬值可能导致其吸引力下降，进而对美元地位造成一定影响。

所以，尽管未来美国可能采取一些政策工具保证美元的市场份额在短期内不受太大影响，但从一个更长远的视角来看，美元汇率的调整可能导致美元在全球范围内受欢迎的程度逐渐减弱，这也给包括人民币在内的其他货币的崛起创造了一些历史性机会。

量化宽松下的美元走势

魏尚进：为了应对新冠肺炎疫情对经济的冲击，美联储自 2020 年 3 月开启了无限量化宽松的货币政策。这一举措到底对美元的国际地位可以起到巩固作用还是削弱作用？如果削弱作用占主导地位，量化宽松政策会不会对美元的国际地位造成威胁？

夏乐：对于这一问题的分析要从不同的期限来看。从短期来看，美国通过量化宽松的货币政策向全球注入美元流动性，可以避免全球金融系统出现坍塌的状况。这样在维护全球金融秩序的同时，也能够在短期内对美元的市场份额或者其“霸权”有一定保护作用。但是从长期来讲，量化宽松政策释放的流动性能否及时收回存在很大疑问。我们也看到，近几年美联储在进行加息、缩表的过程中的确遇到了很多意想不到的困难，因此长期而言回收过程不会很顺利，由此可能会对美元汇率产生一定影响，进而降低美元的吸引力。

同时，我们也要考虑其他国家对美国量化宽松政策的反应。事实上，在2008年金融危机之后，当时不少人认为美国的量化宽松政策会导致美元汇率下跌，但美元却在此之后走出了一个强势的周期。之所以出现这种情况，原因在于欧盟当时也实行了量化宽松政策，甚至执行了负利率。所以在得出结论之前，我们还需要参考其他国家的货币政策，倘若其他国家也在放水，或许美元还是一个相对可靠的货币。

与此同时，尽管受到新冠肺炎疫情冲击，中国央行在2020年推出了一系列纾困措施，但在维持货币政策正常空间方面仍保持了相当的定力。在市场上也可以观察到，2020年外资流入人民币市场的趋势并没有因为新冠肺炎疫情而被打断，人民币相对于美元或是其他货币而言仍是一个比较有吸引力的资产。

魏尚进：的确，因为美元与其他货币之间的汇率是美元资产和其他货币资产的相对价值，所以在关注美元的地位和美国的宏观政策如何挂钩时，一定也要同时对照其他国家的宏观政策，这样才能得出比较准确的判断。

货币互换推动人民币国际化

魏尚进：据我观察，中国政府以央行为主导鼓励企业在货物贸易及金融交易中更多地采用人民币计价。与此同时，中国人民银行过去也在多方尝试与他国中央银行进行货币互换，将人民币国际化与顶层设计挂钩。货币互换对于人民币国际化有怎样的推进作用？

夏乐：我在关于人民币国际化的研究中发现，中国的货币互换和其他国家的货币互换有所不同。例如，美国和全球14国央行进行货币互换的目的是向盟友及发达金融市场注入流动性，以平息国际“美元荒”。在美联储和海外央行签订货币互换的过程中，美联储更关注这些国家的信用违约风险。反观中国，贸易和投资往来是中国央行签订货币互换最看重的标准，我国央行希望通过货币互换来推广人民币在国际贸易中的使用。

同时，中国央行也会选择与一些同我国关系较好但曾经有过违约记录的国家签订货币互换。我们认为，这不是中国央行的决策出现了问题，而是因为这些国家历史上曾有过违约情况，所以它们才会更加积极地寻找金融缓冲方法，例如用人民币而非美元进行贸易结算。尤其出于对危机出现导致本国经济发生波动时拿不到美元的担心，一些国家甚至将与人民币的货币互换作为一种危机时刻的应急工具。例如，2015年时任阿根廷总统的马克里上台后本国货币出现大幅贬值，于是阿根廷央行利用之前与中国签订的货币互换协议，在拿到人民币之后将其换成美元来应付国际收支。

所以，未来人民币的货币互换也可能像美元的货币互换一样，既包含促进他国在贸易过程中使用人民币的功能，也包含为他国在危机时提供国际收支保障的功能，由此可以更好地提升人民币在全球的影响力。

我们通过实证研究还发现，一个国家在与中国签订人民币货币互换协议之后，在贸易中使用人民币的概率的确会大大提高。但整体而言，并不是所有国家都能充分有效地使用与人民币的货币互换协议。如何将顶层设计和市场机制结合起来，让现有机制发挥最大作用是未来政策制定者及相关研究人员需要面对的一个课题。

借鉴欧元、日元国际化进程

魏尚进：在推动人民币国际化的进程中，欧元、日元等其他货币的国际化历程，有哪些值得中国借鉴的经验？

夏乐：我在研究中发现，货币国际化其实比较罕见。如今我们所说的国际化货币，其实就只有美元、欧元、日元等几种。有些货币，如韩元虽然可以在全球自由兑换，但是并未承担国际化货币的功能。

欧元的兴起有历史因素，即欧洲国家对欧洲一体化的向往。事实上观察欧元兴起的历史，就要回溯到它的“前身”——德国马克。德国马克本身就是一个非常强势的国际化货币，所以欧元的国际化就是保持资本账户的开放来增加使用者数量。但是，欧元在国际化的进程中也遇到了一些麻烦。2010 年欧洲债务危机触发市场对欧元的担忧，直到 2020 年新冠肺炎疫情暴发之后，德、法终于推出欧洲复兴基金，标志着欧洲各国在财政上也将走向一体化。这一基金的推出对欧元有“压舱石”的作用，使得大家对欧元的长期稳定发展有更加良好的预期。

日本政府曾经一度也希望推动日元的国际化，但最终日元的国际化虽谈不上失败，但也难言成功。其中最重要的原因是日本经济在 20 世纪 90 年代之后的发展步伐相对较慢，影响了日元的国际化使用。这给我们的一个经验教训是，也许顶层设计或者市场机制可以在短期内加速货币的国际化，但倘若无法维持一个良好的基本面，这样短期的加速在未来可能会产生反噬作用。所以，我们一方面要积极推进人民币国际化的进程，另一方面也要注意货币国际化进程中的风险，特别在政策制定方面要做好充足的预案，不能因为短期利益而贸然推进。当然，知易行难，在实际执行过程中，大多数时候仍需要我们摸着石头过河。

央行数字货币走向世界

魏尚进：中国提出试点央行数字货币之初，并没有强调其对人民币国际化的作用，但一些海外观察者及金融从业者担心数字货币的出现会对美元造成冲击。您对此有何看法?

夏乐：目前，中国的央行数字货币主要定位于M0，即作为现金的一种替代工具，我不认为它适合用来做人民币国际化的工具。之所以这么讲，原因有两点：首先，数字货币作为现金替代工具，在国内可以与支付宝、微信等电子支付手段形成竞争，这是完全没有问题的。但如果央行数字货币走出国门，再与支付宝、微信进行竞争，我并不认为是一个好的选择。因为这些第三方支付平台打开国际市场本就不易，已经付出很多成本和代价，如果央行数字货币再去海外支付领域分一杯羹，短期而言不利于中国支付平台在海外的拓展。

其次，央行数字货币作为现金替代工具，主要是个人使用，不适用企业支付。如果中国央行数字货币流到海外，可能会对海外国家的本国货币，尤其是这些货币在零售领域的使用造成冲击。因为人民币具备利率高、币值稳定等优点，虽然与美元、欧元、日元等国际化货币相比可能仍有不足，但相较其他国家货币仍然是一个非常强的货币。我担心中国央行数字货币在海外零售市场使用造成对他国本币冲击的情况，会引发货币当局的抵制。所以我认为，目前中国央行数字货币适用于国内零售领域，不适合向海外进行推广。当然，如果我们要利用数字支付方面的技术优势向海外推广人民币国际化，还是需要做一些特殊的技术安排或制度安排，以找到合适的工具。

魏尚进：关于数字货币，我的理解有所不同。首先，我认为数字货币不仅会影响狭义货币，也可能影响广义货币。比如，央行把数字货币发行给商业银行，商业银行可以以数字货币的形式贷款给企业或者居民，拿到这些贷款的企业或居民可能把其中的大部分数字货币留在商业银行，商业银行可以再贷款出去，所以，一般我们在非数字货币场景下探讨的乘数效应，在数字货币场景下也会发生。

CIPS 与 SWIFT 竞合

魏尚进：SWIFT 国际资金清算系统是美国维持美元霸权的重要工具，几乎垄断了整个跨境支付市场。很多人担心美国会通过 SWIFT 系统对中国等一些国家进行制裁。这种担心是否有必要？

夏乐：我认为美国全面将中国银行排除在 SWIFT 系统之外的可能性不大，但可能会针对个别银行采取措施。因为美元在国际贸易中主要起到交易媒介的作用，但并非唯一交易媒介，欧元等其他货币也可承担这一功能，只不过出于历史原因或安全性考量，大家习惯使用美元。如果美国禁止中国使用美元进行贸易交易，中国的大部分贸易仍然可以照常进行，只不过要使用其他货币或者货币等价物来完成交易。所以我认为不太可能出现将中国的银行全面排除在SWIFT系统之外的情况，但不能完全避免美国通过SWIFT系统打击中国或其他国家个别银行的情况。

魏尚进：与此同时，中国也在建设人民币跨境支付系统CIPS。目前CIPS发展到什么阶段，未来是否可能通过CIPS推动人民币的国际化？

夏乐：CIPS与SWIFT之前有竞争也有合作，但随着美国不断对中国进行金融压制，中国在海外会有意无意地避开跟美元比较相关的系统，包括SWIFT。目前已经有很多海外银行在中国的CIPS系统建立账户，通过该账户完成人民币的跨境交易。未来CIPS系统甚至有可能会完成其他币种的跨境交易，当然美元可能机会比较小，但像日本、欧盟等国家和地区对中国相对友好，并且不希望出现全球性的金融混乱，它们更有可能允许中国使用CIPS来完成欧元、日元等货币的交易，所以我认为CIPS系统的建立是非常重要的。如果要推动人民币国际化，其中非常重要的一件事情就是要鼓励全球的金融机构和其他的一些机构来到中国，加入中国的CIPS系统，使用人民币进行跨境支付。

一币两市：人民币国际化之路

中国以“一币两市”的独特方式启动了人民币国际化，一方面在在岸和离岸市场之间建立了资本流动的防火墙，虽然在岸市场（大陆市场）人民币与外币只是部分可兑换，但同时在另一方面允许人民币在离岸市场（香港）实行完全可兑换。在人民币国际化的推动下，资本项目开放和金融市场自由化可以同步进行，但要循序渐进，并发挥两者的协同作用。

然而，我们必须谨记，获得更多便利和更高效率并不是推动人民币国际化的唯一目标，金融稳定与效率之间需要找到平衡点。即使人民币国际化的道路漫长而非一步到位，但如果人民币国际化的进程能够成为金融发展的催化剂，而又避免了大的金融动荡，这一举措仍然会是成功的。因为人民币国际化本身并不是目的。

针对这一话题，笔者与香港科技大学经济发展中心主任、经济系教授黎麟祥展开深入探讨。

走出美元陷阱

魏尚进：中国政府推动人民币国际化的真正原因是什么？人民币国际化对中国和其他国家或地区意味着什么？

黎麟祥：从外部环境看，在布雷顿森林体系瓦解后的国际货币体系，美元是全球最主要的储备货币。许多发展中国家采用固定汇率或管理汇率，将本国货币与美元挂钩。盯住美元的国家没有更好的选择，只能继续盯住美元，并不得不积累大量以美元计价的外汇储备，走入“美元陷阱”。美国过度使用其特权，使得以美元计价的外汇储备（如美国国债）的利率非常低。2007—2009年全球金融危机期间，由于贸易融资美元短缺，亚洲贸易崩溃。

由于发展中国家的快速增长，美国在全球GDP中所占的份额将持续下降，美国的财政能力最终将无法为全球所需的储备和支付提供资产。世界需要一些其他货币来填补这一缺口，提供另一种全球公共品作为交换媒介，用于贸易结算。这些都是中国寻求从美元本位独立出来的部分原因。而其中的方法之一就是促进人民币在国际上的使用。

人民币国际化的其他好处还包括减少对美元等外币和支付系统等相关机构的依赖。例如，人民币跨境支付系统（CIPS）第二期于2018年5月全面推广上线。境外的外资银行可以直接向中国汇款和接收人民币款项，清算银行的重要性将大大降低。长期来看，CIPS可以让中国的国际支付绕开外国（如美国通过SWIFT）的法律覆盖和制裁；以人民币在国际上进行借贷，可以提供更多的金融安全；摆脱与美元挂钩、积累巨额外汇储备的“美元陷阱”；能够以本国货币在国外以低利率借入大量资金；并能够将贸易、投资和金融交易中的汇率风险降到最低。另外，人民币广泛的国际使用将为中国的银行和金融部门提供更多的业务；向国外发行人民币可以获得铸币税或换取实物。同样，人民币国际化对于提升中国的政治影响力也有不可估量的作用。

魏尚进：人民币国际化的好处并不是抽象的或理论的，而是非常具体和切实的，普通民众也可以感受到并接触到。例如，十多年前人民币很少在中国以外的国家使用，普通民众将人民币兑换为旅行目的地货币的交易成本极高。也就是买入汇率与卖出汇率之间的差距相当大，通常可占兑换货币价值的四分之一到三分之一。这是因为在人民币国际化之前，它的国际需求不高，履行兑换职能的中介银行需要收取更多补偿，用于抵消可能的不便和风险。如今在机场常见的换汇成本是7%~8%。比如对孩子需要出国深造的家长来说，人民币国际化带来的降低换汇成本的好处是实实在在的。

但是，人民币的换汇成本相比日元或欧元兑换美元（大约1%）的成本还是较高的。降低交易成本是人民币进一步国际化的目标之一。同样，对于在金融行业或企业的经营者而言，货币的国际化程度越高，政府或企业需要发行债券的融资成本就越低，纳税人的负担也会越少。因为货币的国际化程度越高，以本国货币计价的资产的国际需求越大，该国的借贷成本会越低。

黎麟祥：不过，即使以发展中国家的标准衡量，中国的资本账户开放程度也很低。居民资本外流受到极大限制；外国对国内债券（包括中央政府债券）的拥有率非常低。资本管制措施有很多，而且往往是通过行政手段。

魏尚进：对于资本账户下的交易，目前个人结售汇额度为5万美元/年，相对于年人均收入 1 万美元的国家而言其实并不低。而且这其中不包括从国外购买商品或服务，比如为孩子在海外读书付学费等所谓“经常账户”下的交易。

一种货币，两个市场

魏尚进：中国的人民币国际化路径与其他国家相比有何特殊性？

黎麟祥：中国仍然是一个新兴经济体，这意味着其金融和法律机构与西方体系相比仍不成熟。中国也不希望在短时间内将其金融体系与西方完全融合。因为货币国际化要求货币在资本账户中基本可兑换。

因此，中国以其独特的方式启动了人民币国际化，即采取“一种货币，两个市场”（简称“一币两市”）的方式，这就需要建立一个全球性的人民币离岸市场。通过这一策略，中国在在岸和离岸市场之间建立了资本流动的防火墙，允许人民币在离岸市场完全可兑换，在在岸市场部分可兑换。

人民币在岸外汇市场与离岸市场相比可能会有更多的干预，例如设定中间价或直接干预。离岸人民币外汇市场干预更少、波动更大、规模更大，并存在可交割远期市场。截至 2019 年 4 月，离岸外汇成交额占全球人民币总成交额的 64%（全球人民币总成交额约为每日 2 850 亿美元，其中香港地区占 38%，即每日 1 076 亿美元）。此外，沪港、深港股票的北上投资必须使用离岸人民币，离岸人民币或外币均用于北上债券投资。

离岸市场的作用体现在一方面可以通过离岸市场将被交易金融资产的货币风险与国家风险分开，形成离岸人民币金融市场，进而使境外人民币作为价值储存手段成为可能。另一方面，离岸中心的信誉和发达的金融基础设施能促进国际收支流动和离岸金融市场的发展，也能增强境内金融发展和资本账户开放对人民币国际使用的影响。然而，离岸市场的发展受到在岸资本账户开放不足和在岸金融发展不足的制约。目前人民币离岸市场对在岸市场的相对规模仅为美元市场的 1/44。

不过，因为人民币国际化成功的四个关键因素包括中国的经济规模足够大、对自由资本流动的承诺、发展具有深度、广度和流动性的金融市场以及人们对人民币和中国政府的信心，所以人民币国际化需要的不仅仅是离岸市场，在岸金融的发展和资本账户开放仍然是主要动力。单单凭借全球第二大的经济规模不足以让人民币一举跻身主要支付货币之列。中国需要在人民币国际化的同时，按照自己的步伐开放在岸资本账户。

目前还不清楚中国是否会和何时会实现足够高的资本流动性和金融市场发展。根据我的计量经济学研究，我推测人民币在中期将成为仅次于美元和欧元的第三大支付货币。因为中国需要来自国际社会的强烈信任，人民币成为避险货币可能有点困难，即使从长远来看也可能如此。

从长远来看，由于中国国内生产总值庞大、改革开放不断推进，并出于各国央行对外汇储备安全资产的需求，世界可能会形成以美元、欧元和人民币为主要储备货币的多元储备货币体系。然而，人民币实现这一目标的道路可能相当漫长和不确定。

人民币国际化本身不是目的

魏尚进： 资本账户开放和金融市场自由化对人民币国际化有多重要？

黎麟祥： 在人民币国际化的推动下，资本项目开放和金融市场自由化可以同步进行，但要循序渐进，并发挥两者的协同作用。事实上，正如中国人民银行前行长周小川在接受《财经》杂志采访时所提示的，“对外开放、汇率制度改革、减少外汇管制要整体推进，不管各自速度如何，整个大方向是要往前的。这就需要注意时间窗口，有些改革遇到了合适的时间窗口就可以加速推进，有些改革没有时间窗口就可能稍微缓一些”。

资本账户开放能带来更多的资本流动、更高的外汇成交额、买家和卖家数量更多的厚市场、更低的交易成本，使人民币成为重要的计价货币与结算货币。金融自由化可以放大资本账户开放的效应，使得跨境资本流动增多。

资本自由流动和金融市场自由化，可以推动人民币资产成为重要的国际价值储藏手段。向外国公司开放金融市场也有助于约束国内公司，并通过竞争压力和模仿提高它们的效率。

然而，这些改革会遇到来自既得利益者的巨大阻力，因此有必要使用人民币国际化倒逼国内金融改革开放。我认为人民币国际化的一个重要动机，就是利用人民币所需的资本账户自由化和金融市场自由化来推动国内金融部门改革。

但是，资本账户自由化的代价可能是短期资本流动的突然逆转，会损害经济，导致货币危机、大范围的银行倒闭和企业破产。在开放型经济面临的三难选择中（即货币政策的自主权、汇率稳定和资本自由流动），人民币国际化要求增加资本流动性，这意味着汇率波动性加大。因此，中国可能需要放弃相当程度的汇率稳定，以换取资本流动和货币政策自主权。

魏尚进：因此我们必须谨记，获得更多便利和更高效率并不是推动人民币国际化的唯一目标。国家宏观经济和金融政策应该建立在金融稳定的基础之上。正如 1997—1998 年东南亚国家因国际收支不平衡加上跨境资本的波动性，引发了国内金融市场的剧烈波动，爆发了严重的金融海啸，逆转了通过几十年奋斗才取得的经济增长成果。这并不是说，我们要限制资本项目自由化。但这些国家的教训提醒我们注意，在国内金融市场具备足够风险抵御能力之前，需要将能够提高识别风险、防御风险的配套的改革作为前提条件，金融稳定与效率之间需要找到平衡点。

黎麟祥： 即使人民币在不久的将来不会成为重要的国际货币，但如果人民币国际化的进程能够成为金融发展和资本账户开放的催化剂，这一举措就仍然是成功的。人民币国际化本身并不是目的。

深化改革，继续开放

魏尚进： 2020 年年末，中国财政部发行 40 亿以欧元计价的主权债券，5 年期发行 7.5 亿欧元，发行收益率为-0.152%，是我国主权债券首次以负利率发行，与境内同期限国债利差超过 3.3%，但与其他欧元区的主权债券收益率相比还是较高的。这是中国政府自 2004 年以来第一次发行欧元主权债券，也是中国政府单次发行最大规模的外币主权债券。您认为中国是否应该发行更多的离岸债券？

黎麟祥： 我认为应该发行更多的离岸债券，也就是国际债务安全市场可以增加。这些由中国政府发行的离岸债券实际上可以视为国际债务安全，使中国政府或企业实现了在国际上用自己的货币借款。以人民币在国际上借贷是人民币国际化的新方向。

发展债券市场，特别是中央政府债券市场，对人民币成为真正的全球货币至关重要。但也会遇到债券市场规模小、缺乏流动性和外国所有权份额小等障碍。因此，我仍然认为资本账户开放和金融发展是发展离岸债券市场的关键。因为资本账户开放将促进厚市场的形成，使人民币成为信任度更高的货币。

魏尚进：作为国际贸易和投资的专家，您认为我们在加入区域全面经济伙伴关系协定（RCEP）之后，将与更多的成员经济体进行贸易与投资往来。这对促进人民币的国际使用有何作用？

黎麟祥：人民币贸易结算试点于2009年年中启动，成为人民币国际化的里程碑，这也是首次出现离岸人民币大规模外流的现象。庞大的离岸人民币资金池为离岸人民币市场的形成提供了条件。紧接着，2010年香港特区成立了人民币离岸外汇市场。

2019年，货物贸易和服务贸易占同期本外币跨境收付的比重分别为13.4%和23.8%，更多的经贸往来势必促进人民币国际化的进程，发展中国的金融市场，加大货币可兑换方面的开放程度。资本账户自由化能带来更多的资本流动、更高的外汇成交额、形成厚市场，使人民币成为重要的贸易计价和结算货币，交易成本也会相应降低。于是，其他国家也会更多地使用人民币。

魏尚进：整体来看香港特区对于中国经济改革发展方面的作用不容忽视。2019年年末，香港人民币存款余额为6 322亿元人民币，是其他离岸市场的总和，在离岸股票、债券方面的表现也很突出。但是，一方面受地缘政治的影响，一些投资者、跨国企业和金融机构会选择新加坡、德国、英国等离岸市场。另一方面，上海、深圳等城市的快速发展可能会动摇香港特区金融中心的地位。您如何评价香港特区在推进人民币国际化和推进中国经济金融发展方面的角色?

黎麟祥: 我认为香港特区在人民币国际化方面仍将发挥重要作用。相对而言，随着资本账户的逐步开放，离岸市场对于人民币国际化的重要性减弱；在其他离岸市场的竞争下，香港特区业务的占比也会逐步下降。不过中国在资本账户开放方面还是相当审慎的，在岸和离岸市场之间建立的资本流动防火墙不会推倒。因此，我认为从绝对值看离岸市场的整体规模会不断变大，而香港特区的离岸市场还会进一步扩大。“一币两市”的情况仍会延续较长一段时间，香港特区也仍然会受益于最大人民币离岸市场的地位，作为中国对外的窗口和门户，它仍有特殊的角色。

扩大进口或将增加中国的贸易盈余

——进博会能做与不能做的事

中国国际进口博览会已连续三届成功举办。作为世界上第一个以进口为主题的国家级展会，进口博览会旨在展示中国对其他国家商品和服务的需求，这种进口促进战略的独特性，无论怎么强调都不过分。大多数国家都会投入公共资金来促进国内商品和服务的出口，但政府如此明确地投入资金来促进进口是十分罕见的。比如国家会展中心就是为进口博览会斥巨资建造的。

进口博览会是年度甚至半年度博览会的开始，旨在促进世界向中国的出口。实际上，以国有企业为主的许多企业，在展会上发出了大额订单。这标志着我国在过去四十多年中奉行出口导向型的增长战略非常成功，并取得了相当显著的转变。如果新的进口促进战略的目的是减少一国的整体贸易顺差，我可能会质疑它的可行性。但进口博览会能为中国和世界带来其他好处。

由于一个国家的贸易顺差是出口减去进口，因此人们很有可能认为，更多的进口必然导致更小的顺差。然而，事情并非那么简单。通常发展中国家的劳动力要素比资本要素更为丰富，而且贸易壁垒通常是为了保护该国处于相对劣势的部门，也就是保护使用资本要素相对密集的技术行业。中国的劳动力成本约为世界平均水平的85%。这意味着按照世界标准，中国仍然是一个劳动力相对充裕的国家。所以中国的进口壁垒也主要是为了保护资本相对密集的部门。当一个国家削减进口壁垒并增加进口时，主要措施就是增加资本密集型商品的进口。

一国降低进口壁垒的措施与促进出口之间有一个紧密的联系常常被人忽视。当更多的资本密集型产品进入某个国家时，它们往往会取代一些国内生产的资本密集型产品。以前用于生产这些资本密集型产品的银行贷款、人员、土地和其他资源现在会被释放和重新部署，最有可能集中到该国真正具有比较优势的部门，这其中包括了出口部门。最终结果将是该国的整体出口也同样有所增加。这呼应了国际贸易经济学中一个强有力的观点——减少进口摩擦相当于减少出口摩擦。用于促进进口的政策最终也可能促进出口。

鞠建东、施康和笔者的研究得出了更出人意料的结论[1]。当一个劳动力相对充裕的国家采取促进进口的政策时，不仅出口额会增长，而且可能比进口额增长更多。因此，我们预计在增加进口后，该国的贸易顺差将提高而不是下降。理解这种逻辑的一种方法是认识到资本密集型商品额外进口实际上有效扩大了该国的资本池。在跨境资本流动没有任何变化的情况下，额外的有效资本将减少国内资本的回报，从而刺激部分资本转移到其他国家。因此，对其他国家拥有更大的贸易顺差是将更多资本投向海外的途径。综上所述，一个并非显而易见的结论是，对于一个劳动力相对充裕的国家，更多的进口会导致更大的贸易顺差。

中国在2001年加入世界贸易组织（WTO）后的经验与这一预测是一致的。加入世贸组织后中国大幅度放开了进口体制，将平均进口关税税率从20世纪90年代末的15%降至2006年的5%左右。非关税进口壁垒也大幅削减。例如，过去只允许少数公司从事进出口贸易。入世后，几乎任何公司都可以合法地从事国际贸

[1] https：//www. nber. org/papers/w18653，文章发表于《国际经济学杂志》（*Journal of International Economics*）。

易。加入 WTO 后，中国的进口额确实飙升，以美元来计算每年增长超过 15%，比世界上大多数国家的增速都要快，甚至超过中国 GDP 的增速。

重要的是，中国加入 WTO 带来的进口自由化基本上是片面的，其他国家实际上并不需要调整本国的进口壁垒。尽管中国大幅削减了进口壁垒，并大幅增加了进口，但中国的贸易顺差不仅没有缩小，反而在 2001 年到 2007 年间急剧扩大。在此期间，中国贸易顺差的扩大通常可以用实际汇率被低估来解释，但我们的研究表明，贸易顺差增长很大程度上可能是中国进口自由化计划本身的自然结果。2007 年后中国贸易顺差的下降通常可以用全球金融危机的爆发来解释。我们的研究表明，停止执行 2001 年至 2006 年期间分阶段实施的中国入世协定规定的进口自由化措施也起到了一定的作用。

有两个原因使人们无法很好地理解这一逻辑。首先，整体效果与更明显的直接效果相反；其次，像美国这样资本相对充裕的国家采取同样的进口促进政策，会产生更直观的结果——更大的贸易逆差（或更小的贸易顺差）。换句话说，整体效果和直接效应之间没有区别。对于那些习惯于考虑美国经验的人来说，要意识到当一个劳动力充足的国家削减进口壁垒时，结果可能不会那么简单。

因此进口博览会在提高进口的情况下，最终会增加而不是减少中国的整体贸易顺差。尽管如此，进口博览会及其总体的进口自由化战略在其他方面可能是大有裨益的。

首先，中国确实有削减进口壁垒的空间，从而让中国家庭接触到最优质、最精美的产品，有助于提高生活质量。也就是说，降低进口成本同时也意味着增加中国家庭的购买力。

其次，中国企业还可以尽可能低的成本进口全球制造最好的零部件、设备并从中获益。通过降低生产成本，它们在全球市场的竞争力得到了增强。实际上，这也是另一个具体渠道，通过这一渠道，较低的进口壁垒最终会提高中国的出口水平。

第三，通过更开放的国际贸易，进口博览会可以补充中国的其他政策声明，削减外国金融公司进入并在中国运营的壁垒，这将提升中国的全球形象。

最后，值得注意的是，除了效率方面的考虑外，即使整体贸易顺差增加，中国还是有可能降低对任何特定贸易伙伴的双边贸易顺差。

RCEP 与中国对外经贸的新机遇

2020 年 11 月 15 日，区域全面经济伙伴关系协定（RCEP）正式签署，标志着全球最大自贸区的正式诞生。那么，RCEP 签署的核心意义是什么？对中国的经贸又将产生哪些实质性的影响？

2020年12月1日，教育部长江学者特聘教授、清华大学五道口金融学院紫光讲席教授鞠建东，教育部长江学者特聘教授、北京大学国家发展研究院党委书记、副院长余淼杰，以“RCEP与中国对外经贸的新机遇”为题与笔者展开深度对话。

“三足鼎立”不等于“三足独立”

魏尚进：目前，全球主要有三个贸易区：以美国为主导的美洲贸易区，以中国、日本为主导的亚太贸易区和以德国为主导的欧洲贸易区。它们形成了三足鼎立的局势，但彼此之间并不独立。从商品贸易尤其是中间商品贸易流中可以看出，区域间贸易举足轻重，且彼此间联系非常紧密。实际上，中美两国在其中扮演着重要的角色。美国位于上游产业链，利用少部分的资源、高精尖的技术和设备，通过研发优势，占据了美洲、亚太和欧洲等多地的上游产品市场。中国则是跨地区贸易的重要环节，例如在汽车、电子等行业，中国已经是很多跨国公司全球供应链的重要环节。同时，近年来，中国正逐渐改变产业链下游地位，随着中国科研水平的提升，产业链结构的调整，部分行业已经进入了上游产业链。

鞠建东：确实，“三足鼎立”不等于“三足独立”，而是“三足”的合作和竞争。例如，如今的全球货币体系是美元主导。如果把全球货币体系比作一桶水，过去这桶水主要由美国一个国家支撑，未来则要为这个体系引入更多的“支撑者”，其中一个是欧盟，一个是中国。这不仅需要美国有愿意接纳欧盟和中国的胸怀，还需要中国和欧盟具有足够的实力。在全球秩序变革的当下，这尤其需要中国具有健康的资本市场和开放的货币体系。在此情况下，中美双方的思想界和学术界都已经认识到，我们需要竞争与合作，而不是打翻这桶水。

魏尚进：鞠建东教授以水为例，让我想到中国另外一个典故：三个和尚没水喝。二战之后，美国 GDP 总量一度接近世界 GDP 总量的一半。在如此丰厚的“回报”下，美国当然愿意为维持世界秩序多做一些努力。但是，当前美国经济占世界经济的比重已经不可同日而语。2019 年，美国 GDP 约占世界 GDP 总量的 24%，如果“收益”只有 24%，美国在国际事务中承担责任的意愿自然不如以前强烈。欧盟和中国紧随其后，2019 年分别占世界 GDP 重量的 18% 和 16%。“三足鼎立”局势下，世界经济也可能面临“三个和尚没水喝”的风险。

RCEP 不是终点站

魏尚进：对于 RCEP 的签署，我们也需要辩证地看待。一方面 RCEP 的签署有利于成员国之间进一步打破贸易、投资、服务壁垒，降低成本，提升企业效率，提高人民的实际生活水平和收入。但 RCEP 也有其局限性。在全世界的产业链中，中国和美国都是重要的环节，任何排除了中国和美国的区域贸易投资协议都将面临效率的损失。RCEP 的成员国中不包含美国——这一众多行业中最有效率的提供者，“取而代之”的是成员国里其他效率相对欠佳的国家，一定程度上造成了资源配置的扭曲。综合来讲，RCEP 有益处，但我们要把 RCEP 作为长跑的中继站，以此在世界层面推进更多关于贸易投资高水平开放的谈判，而不是把它作为终点站，就此止步不前。

余淼杰：我赞同 RCEP 具有局限性。对此，可以参考跨太平洋伙伴关系协定（TPP）的发展。2005 年，TPP 签署时只有智利、新西兰、新加坡和文莱四个国家，影响力有限。但 2009 年随着美国、日本两大经济体相继加入，TPP 迅速成为推动亚太经济一体化的重要力量。RCEP 作为一个开放性的协议，并没有排斥美国的加入。同样，全面与进步跨太平洋伙伴关系协定（CPTPP）也没有把中国排斥在外，中国完全可以考虑加入 CPTPP。

另外，关于区域间产业链的调整和转移我再补充一点。从供需两方面来看，制造业回归欧美都是不现实的。从供给角度来讲，欧美生产制造品的成本太高。从需求角度讲，欧美生产的制造品销往中国的成本也很高。不过制造业无法向欧美回流并不意味着制造业一定要留在中国。劳动密集型的产业会逐步转移到东南亚或者更远的非洲国家。东南亚国家和我们文化相似，劳工成本也比较低。但有一个问题需要注意，中国的产业转移通常是大规模的，劳动密集型产业的转移会提升劳动力需求，但在短期内劳动力供给无法快速增长，这将导致本地工资的上涨。从这个角度来看，我们可以考虑成本更低、政局更稳定的非洲国家。资本密集型的产业则不一定会向国外转移，因为劳动投入不是主要因素，更重要的是产业链的配套。我国可以考虑将资本密集型产业向中西部省份梯度转移。

“对外改革，对内开放”

魏尚进：RCEP 签署后，中国在世界贸易投资与金融方面的地位相应提高，谈判权利提高了，规则制定权力自然会提高。许多国家都期待着中国的表现，因此我们要处理好国际和国内的关系。在中国过去四十多年的改革中，一个重要的经验是对外开放往往是国内改革的推动力。这实际上是指国际规则是促进国内改革的动力。当中国的话语权提高时，要注意区别对待不利于自身和国际效率的国际规则，利用优秀的国际规则推动国内改革。此外，在制定规则时要重视国际合作，中国要吸取美国过去使用世界经济领导权时犯的错误，着眼于长远的利益。

余淼杰：关于开放倒逼改革的问题，我们一般用“对内改革、对外开放”八个字来总结中国经济发展的经验。这固然是对的，但我个人认为应该反过来讲，当下更加准确的说法应该是“对外改革、对内开放”。“对外改革”的第一点是要改革出口的目的地，要将目光从已经饱和的欧美成熟市场移开，积极开拓以金砖国家为代表的新兴经济体。第二点是要注意线上和线下的结合，过去我们主要发展线下经济，今后需要强调线上经济。第三点是改革贸易形态方面，应更多地考虑服务贸易，扭转服务贸易逆差，这也是未来发展的重点。

魏尚进：国内有许多自由贸易试验区，例如海南自贸港。这些国内自贸区和RCEP之间有什么关系？在促进自贸区改革方面是否也有文章可做？

余淼杰：国内的自由贸易试验区现在已经有21个。自由贸易试验区主要有四方面作用：第一，准入前国民待遇加负面清单。外资企业入境时享受国民待遇，然后按照负面清单决定投资的产业，法无禁止即可为。第二，贸易的便利化和投资的自由化。这主要体现于我们的“一线放开，二线管住”政策。外资企业如果只到出口加工区投资，只进国境，不进海关，就不需要交税。这是继承并升级了之前出口加工区政策的结果。第三，金融创新。资本和金融的创新还有很大空间可以开拓。金融和贸易不同，金融具有杠杆放大效应，并且在区域和全国的作用也不同。第四，简政放权。事前的审批改为事中、事后的报备，这是进一步推进政府放管服工作的表现。RCEP中涉及服务贸易、外国投资的准入、电子商务等诸多条款，促进了贸易的自由化和便利化。下一步我们可以通过对外开放来倒推国内改革，然后再通过国内改革促进经济的发展。

从 RCEP 到 CPTPP

魏尚进： RCEP 和 CPTPP 的规则有什么区别？是否会推荐中国成为 CPTPP 的成员国？如果是，我们还需要做什么样的努力与改革？

余淼杰： 我个人认为 CPTPP 是比 RCEP 更先进的、要求更高的自贸协议。简单来说，两者的相同点在于商品贸易，终极目标都是零关税，只是在推进时间的快慢和具体的统计标准方面有差别。中国的不足在于服务贸易和投资领域方面，需要更进一步的开放和改革才能达到 CPTPP 的要求。在把握知识产权方面，我国要协调自身经济发展，循序渐进，最终建立一个高规格的知识产权保护制度。针对服务贸易，我国应该更加积极地采用负面清单，争取早日与 CPTPP 接轨，更加与时俱进地参与到全球开放的一体化进程中。

魏尚进： 若以 CPTPP 为目标，中国在金融服务领域方面还需要在哪些方面进一步开放？中国和英美等其他国家的金融开放情况相比区别是什么？在金融开放中，有哪些注意事项？最优的进程表应该如何安排？

鞠建东：金融服务领域的开放分为两个部分：第一是金融服务的开放，主要是银行、保险、证券服务开放等。第二是资本市场的开放，比如说允许跨国资金流动和允许外资进入中国。2018年习近平主席在博鳌宣布金融业要加大开放的力度，自此我国金融服务行业逐渐加快了开放的进程。

资本市场开放方面包含几个部分：首先是双边投资、直接投资的开放。其次是债券、银行存款、证券业买卖股票的开放。中国资本市场对这些领域的开放始终持谨慎态度，因为资本市场开放具有触发金融危机的风险，需要有序推进。最近一年来，中国对外直接投资开放的成果颇丰，但是在其他方面依然没有完全放开。例如，中国外汇额度上限是五万美元，超过这个界限则要走特殊申请程序。我认为RCEP目前更集中于商品市场，未来要发展服务贸易，要更多地走向要素市场，而要素市场对于资本市场的开放至关重要。中国的资本市场开放可以考虑通过推进RCEP成员国家的资本市场开放来进行。比如，迅速推进双边投资，开放多元货币计价债券，推广“沪港通”模式等。在关注金融危机风险的同时，我们要积极促进亚太地区资本市场的连接。

魏尚进：RCEP的签订对中国而言是具有里程碑意义的重要事件，但这不是终点。正如余淼杰教授所言，中国应以RCEP为基础，早日从正面清单国转换为负面清单国，以负面清单作为促进改革的工具。同时，可以鼓励中国加入CPTPP，从而进一步提升中国改革开放的格局。鞠建东教授提到，金融改革需要循序渐进，并兼顾效率和稳定。可以考虑利用 RCEP，把金融改革作为开放的试点。对此，我将其总结为“双轨制开放”，即提前对 RCEP 成员国开放，并增加开放内容，然后逐步转为全面开放。

1 · 世界不可怕

2 · 高水平开放

3 · 中美新竞合

4 · 大国新担当

5 · 韧性助发展

6 · 金融与社会

中美竞合新出发

2020 年，全球化进展遭遇双重逆流。一边是美国特朗普政府单边主义和对华商贸限制严重压制了全球化进程；另一边是新冠肺炎疫情客观条件限制下各国经济往来缩减。但 2020 年下半年以来的三件大事，分别是中国的经济双循环新发展格局的提出、美国大选后一个经济主张与行事风格都有变化的新政府的产生、中国与美国之外的贸易与投资伙伴国互惠开放系列协议的达成，为未来中美经贸关系开启了新篇章，也为经济全球化重归正路提供了崭新的背景。当然，新的国际背景是否一定会转化为更加公平透明、互惠互利的全球化环境，取决于未来会发生什么不可预测的事件，取决于各国政府的谈判努力、技巧与最终政策取向，取决于各主要国家学界、智库界是否能提出建设性并为社会与政府接受的政策建议。

从 2018 年中美贸易摩擦发端、2019 年年末《中美第一阶段贸易协定》签署，到疫情下美国政府换届后的新政初现端倪……世界第一、第二大经济体的竞争与合作关系牵动着整个世界的利弊得失。

观中国发展态势，窥美国政策转变，探未来中美竞合新机。

受疫情对不同经济体冲击的不同影响，中国经济总量正在加速并持续追赶美国，中美两国作为领先全球的经济体，占全球GDP的比重仍在进一步增加。2020年，中国GDP首次突破100万亿元，同比增长2.3%，是各大经济体里唯一能有GDP正增长的国家，在2021年增速可能在7%~8%之间，并且中国GDP的总量可能达到美国GDP的75%。但美国是在发达国家中2020年负增长相对较小的国家，并且大概率在2021年内也能实现强劲复苏。

从过去的经验看，每当美国经济遇到困难的时候，往往是其寻找国际合作的时候。然而，担忧中国赶超的特朗普政府执意奉行“硬脱钩”，但中国的实力没有被大幅削弱，世界各国相互依存的局面并没有根本改变。正如许多全球化的赢家误以为自己是输家，美国没有认识到全球化给它带来的巨大的间接收益，其不断加长的“实体清单”扰乱了全球供应链和科技产业的发展。如果世界上只有中美两个国家，美国“自损八百”的策略或许可以持续。但在一个多元多极的世界里，特朗普政府的策略让许多使用来自中国的投入品的美国企业失去相对于欧洲和日本企业的竞争力，这些企业雇佣的工人可能失去工作，随着许多商品价格的上涨，美国中低收入家庭的生活水平将受到影响。

虽然拜登政府已经展现出重新强调外交按规则出牌的立场，

但这并不意味着中美关系将必定迎来长期的和谐发展。美方强调团结欧盟、日本和印度等方，有选择地将中国排斥在外。

因为全球产业链、经济全球化有许多互惠互利之处，美国政府的立场并不能阻碍两国民众和企业的跨境互动。新冠肺炎疫情对各国的生产能力都产生了负面冲击，没有那么多国家可以成规模地替代“中国制造”。美国企业要把产业链从中国转移到越南、印度、印度尼西亚、墨西哥或其他国家是需要花钱做投资的，而疫情恰恰削弱了大多数企业的财务状况。即使本来有计划迁移产业链的企业大概率也会推迟这样的动作。2021 年 1 月 14 日，中国海关总署公布了 2020 年全年进出口情况，中国货物贸易进出口总值 32.16 万亿元人民币，创历史新高。

公平、开放、非歧视性的规则将实现从“脱钩”到“重连”的可能，在多边主义、全球治理、能源、环境等严峻问题方面寻找解决方案并努力达成共识，是中美两国寻求良性关系发展的新起点。

目前，全球主要的三个贸易区——美国主导的美洲贸易区，中国和日本主导的亚太贸易区以及德国主导的欧洲贸易区，形成了三足鼎立的局势。“三足鼎立”不等于“三足独立”，而是意味着合作和竞争。从商品贸易尤其是中间商品贸易流中可以看出，区域间贸易举足轻重，且彼此间联系非常紧密。实际上，中美两国在其中扮演着重要的角色。美国许多产业位于产业链上游，利用高精尖的技术和设备，通过研发优势，占据了美洲、亚太和欧洲等多地的上游产品市场。中国则是跨地区贸易的重要环节，比如在汽车、电子等行业，中国已经是很多跨国公司全球供应链的重要环节。在许多行业，中国的企业达到了产业链中游，部分企业处于产业链上游。

中国可以将区域全面经济伙伴关系协定（RCEP）与中国-欧盟投资协议作为开放的新起点，把加入全面与进步跨太平洋伙伴关系协定（CPTPP）和积极参与WTO改革作为更高水平改革开放的中继站，也作为让中美经济贸易关系向良性方向发展的契机。中美可能都会申请加入CPTPP，加入条件里会对中国的许多经济政策提出要求，许多要求也可以成为中国进一步开放的内容，根据中国加入WTO及其后发展的经验，开放可以促改革，最后使中国的百姓与企业都可以受益。

中国的“生态文明”及2060年达到碳中和的政策目标与美国的清洁能源革命和“环境正义”计划方向一致，既是为人类生存做贡献，也将为两国合力应对气候危机开启新机遇。我认为中美两国可以在引入碳排放关税、将降低排放作为国际援助的条件并采取鼓励碳捕获创新的激励措施等方面有所作为。在气候变化这样一个重大的世界性挑战问题上，中国可以化被动为主动，在国际规则制定上获得更多的话语权，并得到与欧洲、美国进一步合作的空间。

全球的竞争与合作会展现出新格局，虽然逆行风险或不利因素总有可能出现，但只有着眼于长远利益，兼顾国内与国际公平和效率才能为我们带来更好的明天。

美国企业和家庭为什么需要中国

中国以市场为导向的改革释放了一波企业家精神，使私营企业（包括内资和外资企业）得以蓬勃发展，并在许多情况下实现了比国有企业更快的增长。

这与一些人的说法形成了鲜明对比。这些人认为，中国在加入世贸组织时，在很大程度上忽视或逃避了承诺。如果这是真的，那么自2001年以来，中国的经济增速就不可能超过世界上95%的国家。

一些人辩称，即使美国企业从进入中国市场中获利，中美贸易也会损害美国工人的利益，因为他们的工作面临来自中国工人的低工资竞争。但中国廉价进口商品的供应，不仅降低了美国消费者（尤其是中低收入家庭）的价格，也降低了美国企业的价格，从而支持了就业岗位的创造。美国从中国进口的近40%是零部件和中间投入品。这些进口商品为美国企业节约了生产成本，有助于提高它们的竞争力，使它们能够雇佣更多工人。

根据我和同事们的研究，这种供应链效应创造的就业岗位比来自中国的直接竞争消除的就业岗位还要多。虽然失去的就业机会集中在制造业，但由中国贸易带来的就业机会分布在整个经济领域，包括许多现代服务业。由于这一创造就业的效应，美国与中国的贸易使75%的美国工人受益，甚至在计入对他们购买力的积极影响之前，在任何从赢家向输家的收入转移之前。

尽管如此，许多美国人仍然只关注开放贸易在加剧失业方面的潜在作用。当一家美国公司裁员时，与中国的贸易经常受到指责。但当一家美国公司雇佣更多员工时，人们很少听说中国更廉价的原材料使其成为可能。

美国一些人呼吁美国和中国经济脱钩。如果出现这种情况，使用中国投入品的美国企业将失去相对于欧洲和日本企业的竞争力，它们雇佣的工人可能失去工作，随着许多商品价格上涨，美国中低收入家庭的生活水平将受到影响。

这些都不是说中国不应该做出改变。中国应进一步降低贸易壁垒，减少对国有企业的补贴，放松对外国企业在华经营的限制，并加强知识产权保护。

但要让双边贸易更公平、更有效，美国也需要做出一些改变。例如，它应该降低纺织品和服装的高关税（通常在20%左右），这是中国出口的一个主要类别。中国应该改革其反倾销制度（通过将其与反垄断制度合并），改变不公平的规则，以避免将其他高成本国家的生产成本转嫁到中国生产上，使中国出口商处于人为的不利地位。

中美两国都从双边贸易关系正常化中获益。尽管由于政治压力和既得利益，政策改革在任何地方都是困难的，但互惠和平衡的做法可能是两国持续进步的关键。现在的问题是，各国领导人是否有必要的勇气和智慧使两国关系重回正轨。

取消对华关税利于美国包容性复苏

美国上一任总统特朗普在任期内多次提高对华关税，使得实际税率水平从 2017 年年初的 3% 提高至 2019 年年底的 20% 以上，与 20 世纪 30 年代初大萧条后美国根据《斯穆特-霍利关税法》(Smoot-Hawley Act) 对全球其他国家征收的关税税率基本相当。

多数经济学家认为，《斯穆特-霍利关税法》使当时的经济大萧条雪上加霜。美国总统乔·拜登（Joe Biden）正在逆转特朗普的许多政策，包括撤销对欧洲商品加征进口关税。他也需要决定是否取消对中国加征的关税。

拜登总统不会为了中国工人或企业这么做，他还需要让自己不被认为对美国主要竞争对手过于软弱。但是，拜登取消关税其实有三个更充分的理由：关税损害了美国工人和企业的利益，也未能减少美国的总体贸易赤字，并且削弱了各国对全球经济规则的尊重。

所有美国经济学家关于贸易战的实证研究，都没有发现特朗普的贸易战让美国家庭或企业受益。纽约联邦储备银行的玛丽·阿米蒂（Mary Amiti）博士、普林斯顿大学的斯蒂芬·雷丁（Stephen Redding）教授和哥伦比亚大学的大卫·韦恩斯坦（David Weinstein）教授就特朗普2018年6次对中国商品加征关税进行了仔细研究，发现这些措施不仅将美国面临10%以上关税的进口商品比例从3.5%提高到了10.6%，而且这部分关税几乎完全由美国消费者通过支付更高的价格来埋单。这样的结果与特朗普及其高级贸易官员当时声称的情况完全背道而驰。

与此同时，美国从其他国家进口的类似商品也因对华关税上调而变得更加昂贵。尽管联邦政府征收了额外的关税，但这相当于美国家庭部门向美国财政部做出“转移支付”。另外两篇由一流经济学家做出的研究也得出了类似的结论。

由于中国生产的消费品更多卖给美国中低收入家庭，特朗普政府加征关税，实际上相当于一种累退税。因此，对华额外关税进一步扭曲了美国已经高度不平等的收入分配。

中国对美国产品征收的报复性关税，也给美国带来了进一步的经济损失。这可以从美国汽车等耐用品销量显著下降的区域特点上看出。不同地区因为当地产业结构不同，受中国报复性关税的影响也不一。纽约大学的迈克尔·沃（Michael Waugh）研究表明，在受中国贸易报复影响更大的美国地区，汽车销量下降约15%。这折射出这些地区许多家庭收入显著下降，就业状况也明显恶化。

当然，与中国产品竞争的某些美国行业，因对华关税得到保护，带来了一定就业岗位，但这完全被使用中国产品作为中间投入品的行业和对华出口下降行业的工作岗位流失所抵消。

新增关税也没有改善美国贸易失衡的状况。2019 年美国对华贸易逆差为 3 450 亿美元，与奥巴马执政最后一年的水平基本相同，但美国对华出口和进口均减少约 100 亿美元。尽管 2020 年美国对华贸易逆差减少到 3 110 亿美元，但部分原因是新冠疫情导致美国经济衰退，进而减少了进口总量。

美国对中国商品征收更高的关税，只是将进口转移到了其他国家。经济学逻辑告诉我们，美国对任何一国的双边贸易逆差都没有其对全球的总贸易逆差重要。2020 年美国对全球的贸易逆差升至 12 年来的最高水平，更多反映的是相对于投资，美国国民储蓄明显不足。

中国确实有进一步扩大开放、减少贸易壁垒的空间，但这未必是其贸易顺差的主因。我与鞠建东和施康两位学者的合作研究表明，中国在加入世界贸易组织后采取的包括降低进口壁垒在内的开放举措，是中国贸易顺差上升的重要原因[1]。

撤销特朗普对中国商品加征的关税，对重建各国对全球贸易体系的信心至关重要。2020 年 9 月，世贸组织争端解决小组裁定美国对华征收额外关税的做法违背世贸规则。无视世贸组织的裁

[1] https：//www. sciencedirect. com/science/article/abs/pii/S0022199621000283? dgcid = rss_ sd_ all.

决，会使得拜登政府加强基于规则的全球体系的说法变得不可信。

但是，考虑到加征关税已经实施，美国是否应该将撤回新增关税作为筹码，从中方换取一些利益？如果拜登政府能通过谈判获得一些收益，比如让中国将在2060年前实现碳中和的承诺转化为更具约束力的行动，这当然会是双赢。特朗普政府加征的关税维持越久，美国中低收入家庭承担其成本的时间就会越长。这有悖于拜登实现美国包容性复苏的目标。

中美双方谈判方法中的文化差异

2018年，美国总统特朗普以美中之间存在巨额贸易逆差为借口，向中国单方面挑起贸易争端。经过10个月谈判，中美贸易摩擦升级。经过23个月、13轮、20余次的谈判，美国东部时间2020年1月15日，中美双方终于在美国华盛顿签署了作为第一阶段协议的《中华人民共和国政府和美利坚合众国政府经济贸易协议》。

尽管谈判曲折艰难的真正原因局外人很难准确知道，但我猜测除了在实质内容上的分歧之外，谈判规范和风格的冲突也是一个因素。

过去十年，我在哥伦比亚大学商学院讲授一门有关中国经济的EMBA课程，有一节课我们模拟了一场中美代表团之间的谈判。

我们随后讨论了不同文化背景下的谈判规范和风格可能存在的差异。一个结论是，如果双方没有意识到规范上的差异，谈判可能破裂。

举例来说，中美代表团有一个为期三天的谈判，涵盖 9 个议题。假如经过两天的会谈，双方就前 6 个议题达成了一致，但在最后一天，双方在最后 3 点上陷入僵局。这时候，中方宣布——从美国代表团的立场看，中方是突然宣布——他们必须修改关于前 6 个议题的协议。

此时，美方代表团很可能会觉得中方缺乏信用、不真诚，导致整个谈判因此破裂。在我的课堂上，我们讨论了有时即使没有任何一方图谋不轨，而单纯是因为谈判风格不同，谈判也可能会破裂。

大多数美国谈判者习惯用一种核对清单的方法：如果他们希望涵盖 9 个议题，他们期待依次就每个议题达成协议。相比之下，中国人更习惯于“一盘棋”的全局考虑，遵循“谈判是博弈的过程，只有所有条款全部达成一致才是达成真正的协议共识”的准则。

在上述的例子中，当中方就前 6 个议题表达立场时，他们对最后 3 个议题的结果也有所期待与想象。当这 3 个主题的讨论结果与他们的预期大相径庭时，他们可能会要求重新讨论前 6 个主题，因为这 9 个主题之间的各种权衡已经发生了变化。

如果上述情况发生在两组对立的中国谈判团队之间，任何一方都不会因为对方要求重新讨论前 6 个问题而觉得奇怪。双方都会承认一个不言而喻的规则，就是所有关于前6点的“协议”只是暂时的，可能会根据最后3个议题的讨论结果而加以修订。

那么，具有不同文化背景的谈判者应该怎样应付这个难题呢？在我的课堂上，我向学生们建议，在两个团队坐下来谈判之前，他们应该首先讨论并就主导谈判的规则与方法达成一致——而不是简单地假设他们自己习以为常的准则一定是被所有人都接受的原则。

无论是核对清单的方法，还是“一盘棋原则”，都完全合乎情理。例如，欧盟与英国进行脱欧谈判时就采取了后一种方式。但如果双方没有意识到存在这些风格差异，就可能导致预期上发生冲突。在谈判前先讨论如何谈判，会帮助减少冲突发生的可能性，从而避免或减少谈判后期出现失望和挫败。

要指出的是，“一盘棋原则”的做法并非不利于美国。如果双方已就这一准则达成一致，那么当最后3个议题的发展不符合美方的预期，美国代表团也可以推翻他们在前6个议题上做出的允诺。

跨国谈判人员还需要注意谈判文化中的其他差异。例如，双方对协议的“序言”或“基本原则”陈述的重视程度可能大相径庭，中方在探究对方底牌上花费大量时间可能会被美方视为浪费时间。

以中美贸易谈判为例，国际谈判就实质内容而言已经足够艰难。鉴于贸易协议对世界经济的重要性，让我们希望今后的谈判不会因为规范与风格上的差异而产生不必要的失败。

1 世界不可怕

2 高水平开放

3 中美新竞合

4 大国新担当

5 韧性助发展

6 金融与社会

公正评估中国的知识产权保护

曾几何时，走在越南、印度或墨西哥的大街上，轻易就能找到各国电影和音乐的盗版 DVD 及 CD。而今一切都数字化了，即便盗版行为可能并未收敛，游客却不再那么容易看到盗版生意了。但一般而言，发展中国家的知识产权保护要比富裕国家更弱。需要探究的问题不是中国对知识产权保护有无改进之处，而是与收入水平相比，中国做的是否比期望的更好或更糟？

为获得系统性证据，我们研究了每一个国家向外国专利、版权和其他知识产权持有者支付的版税及许可费情况。这些数据都收录在国际货币基金组织（IMF）所编制的国际收支统计数据中。数据表明，一个国家的收入水平与该国对外知识产权支付金额之间具有密切关联，这两个变量的对数呈清晰的正线性关系（见图 4-1）。平均而言，人均收入每增加 1%，人均对外知识产权支付就会相应增加 1.85%。这就意味着，一般而言，随着一个国家变得更富裕——随着其经济向技术尖端和资本密集发展——其知识

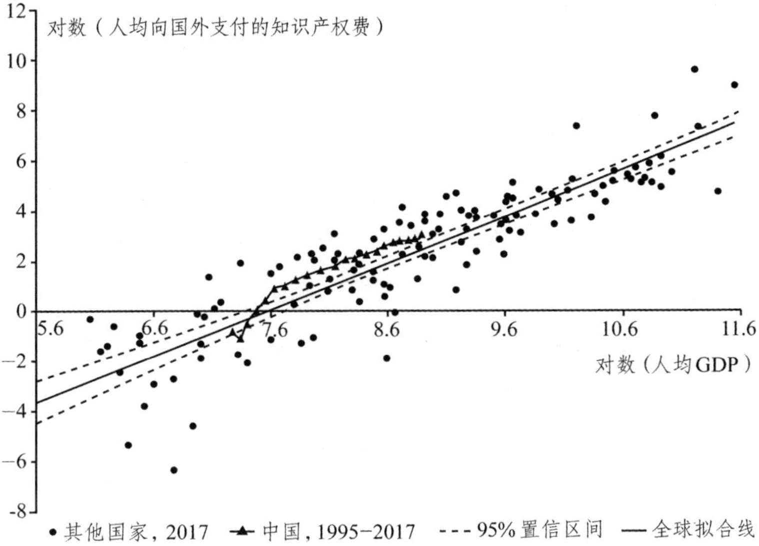

图 4－1　国家收入水平与对外知识产权支付金额的对数

产权保护制度往往会加强。

如果中国企业总是盗用外国知识产权而不给予补偿，那么中国的对外知识产权支付相对其收入水平应该明显偏低。然而，我们考察了 1997 年至 2017 年中国人均对外知识产权支付的数据（图 4－1 三角形连线）之后发现，情况并非如此。在 2001 年 12 月中国加入世界贸易组织之前，其知识产权支付低于可比收入水平国家的国际平均线。而在加入世贸组织之后，中国每年的知识产权支付都超过了这一平均水平。

中国对外知识产权使用费的支付一直追随着甚至超过其整体经济增长率。2000 年，也就是中国加入世贸组织前的最后一年，中国支付给外国持有人的知识产权费用总额仅为 13 亿美元；到 2017 年，这一数字已经增至 287 亿美元，意味着年均增长率为 20%。相较之下，同期所有国家对外知识产权支付的年均增长率中值仅为 9.5%。中国知识产权支付的年均增长率比法国（7.9%）、韩国（6.5%）和墨西哥（-1.9%）都要高出许多。人口规模与中国相当的印度，其知识产权支付增长率也与中国相当；但其 2017 年支付总额为 65 亿美元，仅为中国的 22%。

判断中国知识产权保护有效性的另一种方法是看跨国公司在哪里开展业务。跨国公司不愚蠢，它们是不愿意进入一个会大规模侵占其知识产权的市场的。即便在贸易摩擦硝烟弥漫的 2018 年，中国仍是发展中国家里外商直接投资（FDI）的首选目的地（此前十年皆是如此）。事实上，在所有国家中，只有美国吸引的 FDI 超过中国。

当然，不同的人可能从这同一组事实中得出不同的结论。一方面，你可以说与美国和其他高收入国家相比，中国在知识产权保护上还做得不够，因而其知识产权保护制度仍有进一步强化的空间与必要；另一方面，你也可以指出，中国的作为与其发展阶段、收入水平相比并不糟糕或并不需要特别关注。事实上，中国的对外知识产权费用的支付增长早就超过了国际平均水平。随着中国变得更加富裕，其知识产权保护体系也将大概率地变得更为强大。

有一个相关的问题是，中国和其他国家能否就加强知识产权保护事宜达成一致？理解这个问题的一个关键是看中国国内的创新步伐。最近几年中国企业在研发方面投入巨大，中国公司注册的专利数量呈指数级增长。即便不采用中国官方的数据，而从美国专利局授予中国公司的专利数量的增长中也可印证相似的趋势。[1]

中国国内不断加速的创新步伐给知识产权保护方面的国际合作提供了乐观的前景。在过去，增强知识产权保护的主要结果是被外国企业收取更高的许可费。而今，增强保护亦将有利于鼓励中国企业的创新。

总而言之，中国的知识产权保护制度仍有许多尚待改进之处，但数据与事实不支持关于“严重侵犯外国知识产权的行为在中国非常猖獗”的指责。如果美国能够正确看待这一问题，则中美之间在这方面加强建设性的合作就会更有希望。最终，这对双方的好处将远远超过针锋相对的关税升级。

全球实现碳中和承诺目标
需要“大棒和胡萝卜”

中国领导人2020年9月作出了中国将力争在2060年前实现碳

[1] 魏尚进、谢专、张晓波，2017，从“中国制造”到“中国创新”：必要性、前景与挑战，《经济展望杂志》，美国经济学会，第31卷第1期，第49—70页。

中和的承诺。日本、韩国随后也作出类似承诺。目前已有超过 120 个国家给出实现碳中和的时间表。鉴于这些承诺是在美国退出《巴黎气候协定》之时作出的，因此很容易将其解释为正在进行的全球领导力地缘政治竞争的一部分。但是应对气候变化并不是一场零和游戏。在这里，为争夺雄心和政策而进行的国家竞争使所有人受益。

要推动这些承诺落地，成为真正的应对气候变化成果，需要有“大棒和胡萝卜”的政策激励，这些政策还可以为其他国家树立减排目标创造激励。

如何才能以及时、有效且公平的方式真正应对气候变暖的危局？在接下来的十年中，美国需要将人均碳排放量从高出中国当前水平约 200%减少到约 80%（从每人每年约 18 吨减少到 10 吨），德国需要将人均碳排放量从高于中国约 80%降低到低于中国水平（从每人每年约 10 吨减少到 6 吨），中国则需要在 2030 年之前让其人均碳排放量达峰。

对那些常常听到中国是世界上最大温室气体排放国的人来说，这些数字可能有些意外。从近年的单国总体碳排放量来看，中国确实在全球排第一位，美国排第二位，但从人均排放量看，德国的人均碳排放量要比中国人高出 80%，美国人则比中国人高出 200%。

图 4 - 2 追溯了 1995—2015 年美国、德国和中国的人均消费与温室气体排放量的对比（该数字是由李萌博士通过将国家间投入

产出表中的信息与按部门、国家和年份划分的生产中的碳强度结合起来计算得出的）。

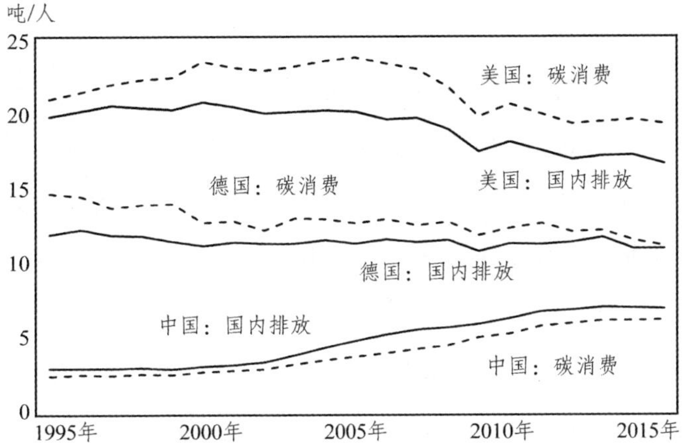

图 4－2　美国、德国和中国的人均碳消费与温室气体排放量的对比（1995—2015）

同样重要的一点是，气候变化是由大气中历年所有的温室气体积累造成的，而不仅仅是某一年的排放量。由于温室气体消散缓慢，工业革命以来的累积排放量——尤其是 1900 年以来的排放量——比 2018—2020 年的排放量造成的损害更大。从这种累积的观点来看，美国和欧洲的温室气体排放占了绝大多数，使其他所有国家排放的总和相形见绌。

然而，包括发达国家和发展中国家在内，并不是所有公民都充分意识到自身所负有的责任，原因至少有三点：

首先，我们经常听到发达国家政客和媒体宣扬中国是“最大的碳排放国”，这是事实，但并非事实的全部。

其次，欧美在控制更易被肉眼观察到的颗粒状污染物（PM）方面比中国和大多数发展中国家做得更好，但这与控制温室气体排放并非一回事。

第三，富裕国家的进口产品通常比其出口产品的碳强度（生产过程中的碳排放）更高，这意味着发达国家居民高碳生活方式中，有一部分碳排放“外包”到其他国家。无论经常账户处于平衡状态还是有较大贸易逆差的发达国家都是如此，比如美国维持着碳强度远高于其国内活动碳强度的生活方式。

因此，实现碳中和承诺，首先需要所有发达国家力争 2050 年前在消费端实现碳中和，而不仅仅是在生产端。有能力实现这一目标的国家应尽早做到这一点。

中等收入国家应力争在 2060 年前实现碳中和。其他发展中国家的挑战要大一点。由于发展中国家出口品的碳强度通常要高于其进口品的碳强度，因此这些国家要实现生产端的净零排放比消费端更难。国际社会应向中等收入及低收入国家提供技术和资金援助，条件是它们承诺力争在 2075 年前实现碳中和。

相比仅依靠各国承诺和自愿遵守，更可靠的方式是设计新的“大棒和胡萝卜”。一个可行的办法是欧洲、北美、中国、日本和其他志同道合的国家协商一致对碳密集型进口产品征收关税，并在本国国内对碳排放征收碳税。这可以在全球范围内大幅提高排放温室气体的成本。碳关税和碳税所产生的收入不仅可以用于支持发展可再生能源，也可以投入研究以降低碳捕获和存储的成本，或是支持因低碳转型而利益受损的群体。

对中国来说，碳关税会降低碳密集型出口产品的竞争力，可能倒逼中国加速向低碳生产转型，以实现碳排放承诺。如果主要经济体联手推出的碳关税能变为全球高收入及中等收入国家均参与的全球性碳关税体系，还会减缓中国高碳产品出口份额流向其他环境标准较低的出口国的速度，从而促使中国更有动力加快经济向低碳转型的步伐。

毫无疑问，缺乏中国与美国参与的碳关税体系将无法有效涵盖足量的全球进口和消费量。中国政府碳中和目标的宣示、美国拜登总统的执政和各国碳排放承诺给应对气候变化带来一个契机，全球性治理气候变化的机制需要跟上。

气候问题迎新局

占世界人口大约4%的美国选民终于于2020年11月选出了新一届总统，这位前副总统将气候变化称为“国家安全威胁”。56岁的加州参议员哈里斯转而成为美国首位女性副总统，她也是美国“绿色新政”倡议的发起人之一。美国在气候政策上的转向会影响地球上的每个人，但美国的努力并不足以解决气候变化问题。

绝大多数气候科学家认为，如果全球继续以过去几十年的速度向大气中排放温室气体，人类将走向自我毁灭。在 2015 年达成《巴黎协定》的过程中，美国在争取其他国家加入上发挥了重要作用。中国当时承诺在 2030 年左右碳排放达峰。如果没有大型发展中国家的参与，《巴黎协定》的意义就不会如此重大。但科学家们也明白，《巴黎协定》只是推迟了全球气候危机爆发的时点，远未根除这一危机。当时的希望是，各国政府可以在《巴黎协定》的基础上达成更具雄心的协议。

然而，2016 年特朗普当选后公开反对美国参与《巴黎协定》。2020 年 11 月 4 日，即此次大选投票结束后一天，美国正式退出了该协定。

特朗普的这一决定从两方面打击了全球应对气候变化的努力：有美国做“榜样”，沙特等不愿减排的国家可以更“正大光明”地消极减排；美国的做法也打消了多边谈判更进一步的可能，因为没有美国的参与，全球减排努力不会收到良效。

特朗普政府反对《巴黎协定》，与部分选民的狭隘考量有关。接下来的几十年中，热带及亚热带地区国家将受到气候变化最大的冲击。到 21 世纪末，类似马尔代夫这样的国家，国土面积的 70%会被海水淹没。对不少美国选民来说，这些受害者很遥远，过于抽象，所以不在关注范围里。

美国拥有大量的页岩气和煤炭资源，而减少温室气体排放则要求在可再生能源上大量投资，削减页岩气与煤炭资源的价值，无怪乎美国一些选民会对《巴黎协定》兴致索然。此外，尽管气候变化引起的海平面上升可能给美国的纽约、旧金山、迈阿密，中国的上海、香港和日本东京造成严重破坏，但这些城市足够富裕，总能找到办法应对并适应。因此，一些收入水平较高的国家在应对气候变化威胁上不像较贫穷国家那样迫切。

拜登在竞选时已承诺，若他当选总统，美国将重返《巴黎协定》。但仅凭新一届美国政府所做的并不足以扭转局面，应对气候变化需要所有国家的共同行动。从这个意义上说，中国领导人最近承诺力争在2060年前实现碳中和让人鼓舞。

怎样才能鼓励所有国家采取行动？有三种可能有效的方法。

首先，有志于应对气候变化的政府对人均碳排放量高或单位GDP碳排放量高的国家加征碳边境调节税，符合经济逻辑，且能收到良效。温室气体排放存在负外部性，这种征税方式将缩小碳排放方需要承担的成本与碳排放的真实成本之间的差距。由于未考虑未来等因素，前者目前远远低于后者。

其次，世界银行、欧洲复兴开发银行、亚洲基础设施投资银行等多边机构应考虑对贷款设定条件，鼓励受援国加大减排力度。对最不发达的国家，多边机构可以直接提供拨款，使其能负担向可再生能源的转型；这些机构也可以提供技术援助，比如帮助设计高效的碳排放交易体系等。

第三，在推动各国、各领域尽最大可能减排的同时，也要加大研发应对“最后一公里”问题的碳捕集技术。一些国家可能仍希望在可预见的未来继续使用化石能源来发电。碳捕集技术可以应对此类温室气体排放，但目前大规模使用已有的碳捕集技术的成本过高。为此，各国有理由推出绿色产业政策，补贴技术创新。

从长期来看，气候变化是人类面临的最大威胁。我们期待美国政府能够推出充分反映碳排放成本的政策，大力推动减排和技术创新，我们或许能有为长期生存一搏的机会。

全球合力走向碳中和

2021 年年初，美国得克萨斯州遭暴雪袭击致大面积停电。其背后是全球气候变化愈演愈烈的极端天气。当新冠肺炎疫情这只“黑天鹅”依然在全球上空盘旋，气候变化这只“绿天鹅”也日渐成为不可忽视的全球风险，它不仅事关经济，更事关全人类福祉。2020 年 9 月，中国在联合国大会上明确表示中国二氧化碳排放力争于 2030 年前达到峰值，争取在 2060 年前实现碳中和。随着美国新一届领导人上任，美国政府重返《巴黎协定》。全球共同应对气候变化的合力在增强。

面对新的历史目标，中国需要站在新的国际视角寻求发展与合作，国际社会也呼唤新的规则和逻辑。关于这一话题，笔者从经济学家的角度与亚洲开发银行能源部门总监翟永平和天津大学马寅初经济学院创院院长、卓越教授张中祥——两位深耕能源、环境和气候变化领域的专家——展开深度对话。

从消费端承诺碳中和不易

魏尚进：提到碳中和，我们通常关注“碳生产”（生产活动中产生的碳排放）而忽略了“碳消费”（消费活动不仅直接产生碳排放，也间接带动生产端的碳排放）。以马尔代夫为例，其境内所有生产和消费活动可以基本实现碳中和。但问题的关键是，马尔代夫国内工业较少，食品、原料等大部分产品依靠进口，这些进口产品生产过程中的碳排放密度非常高。换言之，马尔代夫人生活方式中的碳含量其实相当高，但多半的碳排放活动发生在别的国家。这种现象在大多数国家都存在，尤其是一些发达国家生活方式中的碳排放对全球气候带来了更大的影响。例如，欧盟作为一个经济体已经基本实现贸易平衡，但欧盟很多国家进口产品的碳强度远高于出口产品的碳强度，这意味着这些国家居民高碳生活方式中的一部分碳排放“外包”到了其他国家。而像美国这种维持着高碳生活方式且贸易逆差较大的国家，其生产端和消费端的碳排放差距会更大。所以，未来在考虑所有碳中和承诺时，是否应该更加关注消费端的碳中和？尤其对于发达国家，是否需要从承诺生产端的碳中和转变为承诺消费端的碳中和？

张中祥：对基于消费的碳核算，我曾做过相关研究。2012 年，我发表了文章“Who Should Bear the Cost of China's Carbon Emissions Embodied in Goods for Exports?”从国际贸易结构和产业分工等角度探讨了全球化时代中国日益增长的碳排放量应该由谁来买单的现实问题。虽然基于消费的碳核算框架可帮助理解中国不断增长的碳排放量的成因、减排的困难与影响和寻找解决办法，但我们分析认为，基于消费的碳核算体系隐含的中国的部分碳排放量让进口国消费者分担是不可能的，也不会被接受[1]。尤其是当前美国对中国贸易逆差较大，本来就对产业“外包”颇有微词。如果要求美国为中国等发展中国家国际贸易中隐含的二氧化碳排放买单，美国可能会反驳这些“外包”产业本来就应该属于美国，从而引发更广泛的争议。

另外，欧美等发达国家一直主张通过征收碳关税（carbon tariffs）以减少气候变化的影响。以美国为例，如果一个国家没有采取与美国相当的温室气体减排措施，其产品就相对（美国产品）增加了价格优势，美国政府作为消费者整体的代表，会对进口该国的高能耗产品征收碳关税，通过施加额外成本降低对这类高能耗产品的需求。

此外，近几十年来全球产业分工导致要素供应地、碳排放实际产生地以及产品最终消费地之间的分离。不同碳核算方案之间

[1] Zhongxiang Zhang, *Who Should Bear the Cost of China's Carbon Emissions Embodied in Goods for Exports? Mineral Economics*, 2012: 103－117.

的转变不仅与贸易相关排放的规模有关，还与国际贸易中包含或促成的排放相关的跨界频率有关。我与合作者曾对1995—2009年生产链上的碳排放责任分配情况进行分析。研究发现，在2009年多达25%的隐含碳排放（embodied emissions）和20%的启用碳排放（enabled emissions）不止一次跨越国界。生产网络的日益分散，使得从基于生产的核算向基于消费的核算转变更加复杂，同时也削弱了基于消费的核算的有效性[1]。因此，从消费端承诺碳中和既有实践上的困难，也有逻辑上讲不通的地方。

魏尚进：委托一个中立的国际机构，从消费端定期核算碳排放的做法是否可行？

张中祥：我个人更倾向实施可操作性强的碳定价机制，通过价格信号引导生产者减少碳排放或者为碳排放埋单。一旦全球碳排放交易市场建立起来，既能解决碳减排问题，同时金融机构可开发碳金融衍生品，最终回到金融服务实体经济的本源，帮助企业降低成本。

亟待全新开发性金融

魏尚进：实现碳中和仅仅依靠一个国家是行不通的，因为全球

[1] Zengkai Zhang, Zhongxiang Zhang, Kunfu Zhu, Allocating carbon responsibility: The role of spatial production fragmentation, *Energy Economics*, 2020(87).

气候变化是各个国家综合碳排放导致的后果，所以有效的国际合作非常重要。那么在这一领域国际发展银行可以有哪些作为？在实践过程中又面临哪些挑战？

翟永平：目前全球已有 110 多个国家承诺到 2050 年实现碳中和，显示了全球改善气候变化的雄心。与此同时，全球有约 450 多家国际、国家级别的开发银行，包括 10 家重要的多边开发银行在全力支持碳中和目标的实现。多年的实践让我们看到要实现碳中和的目标，需要做的就是推动新技术，如光伏、新能源汽车等在各国的广泛应用。而实现这一目标的先决条件是要有足够的资金。

当前，开发银行的发展模式几经变迁，从以推动经济发展为纲，到注重更加包容性的增长，及至现在更加强调可持续发展，更加重视气候变化，这在全世界都是一个比较普遍的、有代表性的转变。从金融逻辑上讲，开发银行在前两个阶段分别秉持商业逻辑和发展逻辑。在前者逻辑之下，有资质或富有的客户更容易获得开发银行贷款支持，这与商业银行类似；在后者的逻辑之下，客户越贫穷，越可能获得低利率的贷款，“扶贫”是项目评估的核心要素。但是，当前这两种金融逻辑都无法很好地运用到气候变化问题上，也就是说现有开发银行无法满足碳中和的金融需求。

首先，所有开发银行都是以发展经济学为指导，业务范围局限于发展中国家扶贫的基本需求，主要投资供水、供电、道路、卫生、教育、健康设施等，所有这些基本都是一个“碳增”的过程，而控制气候变化是需要“碳减”的。其次，现有开发银行体量太小，每年气候融资不足 1 000 亿美元，与 50 000 亿美元的需求相比可谓杯水车薪。而且一个气候变化项目通常就需要 30 到 50 年的时间，开发银行的贷款工具、利率、期限不太符合控制气候变化项目的需求。再次，开发银行善于做“加法”，倾向于支持成熟技术的应用，比如现在光伏技术成熟了，我们可以大幅推广，而对于一些新的尚不成熟的技术，我们一般会等技术成熟后再去支持；但是，开发银行不擅长做“减法”，能源效率项目融资一直是开发银行的老大难问题，我们不知道如何为千家万户的节能去融资、如何为中小企业的节能融资。最后，气候升温超过 2 度后如何支持人类适应气候变化也是一个很重要的方面，开发银行对此没有评估体系，中短期也没有回报，无论是商业逻辑还是发展逻辑都难以为适应气候变化的项目融资。目前，开发银行也缺乏真正懂得气候变化和相关金融知识的人才。这些都是开发银行无法满足碳中和金融需求的原因。

所以，实现碳中和需要有全新的开发性的金融逻辑，要以新的气候变化经济学为理论基础，以《巴黎协定》为目标支持包括发展中国家、发达国家在内的全社会共同应对气候变化。开发银行需要提供足量的数万亿级的超长低息、无息的资金，甚至可能需要提供负利率债券；需要学会做“减法”，如帮助高排放电厂退役，推进“碳减”过程；支持“不成熟”的低碳技术研发应用，在未来十年乃至二十年之内扩大其应用范围。另外，讲到适应气候变化，开发银行还需要建立适应气候变化的项目效益评估体系、融资模式；提供减缓、适应气候变化能力培训、技术转移（如南北合作、南南合作）；对接各国碳交易市场、碳税体系，引导低碳投资；以及为遭受气候变化灾难（如海平面上升、海岛淹没）的地区提供移民、安置资金。那么，谁来整合这些资金？我认为全新的金融逻辑需要全新的金融机构，我们可以称之为“世界碳（中和）银行”。

从碳金融到碳财政

魏尚进：成立“世界碳（中和）银行”可能有用，但我认为不一定要通过成立一个新的国际组织来做这件事情。现有的国际组织，如世界银行、亚洲开发银行等可以做很多事情，其中一个重要的方面就是理念的转变，即把重心从碳金融转移到碳财政，重点做好技术援助。

气候变化的影响是一个典型的市场失灵的例子，企业增加的碳排放会对社会造成很多负面影响，但企业不直接承担这部分成本，所以就有直接成本和社会成本存在巨大差距的现象。碳金融主要通过提供补贴扶持气候友好型项目，但可能存在资金不足的问题。碳财政则主要通过税收等方式，消除直接成本和社会成本两者之间的差距，这不需要很多资金，但需要思考如何更高效地实施，这也是开发银行可以发挥作用的地方。其中一个重要手段是推动碳排放权的交易，开发银行可以帮助成员国从无到有地建立碳排放权交易市场，打通国内市场，并与国际市场连接，我认为这些方面可以做更多尝试。

翟永平：是的，开发银行在这一领域还是大有可为的，尤其是在技术援助方面，例如，在碳定价领域对发展中国家进行能力培训，帮助它们进一步提升低碳经济发展的能力。同时我也认为，新机构不是一个关键点，关键点是要在新的金融理念上适应碳中和这一需求。

新技术赋能碳中和

魏尚进：随着碳中和目标的提出，能源革命已经箭在弦上。过去一百多年来，人类在每一个时点总是低估接下来十年乃至二十年的技术发展。例如，智能手机刚出现的时候，人类很难想到它会如此显著地改变我们当下的生活。当我们谈到煤电项目，是不是也会有类似的情况？我了解到，目前世界银行、亚洲开发银行的很多发达成员国政府普遍不支持涉煤项目，但是我们是否需要区别传统的煤电项目和通过技术转变为清洁能源的煤电项目？

例如，亚洲开发银行有一个贷款项目——华能天津 IGCC 电站示范工程项目，是一个非常好的样板工程。作为一项清洁高效煤电技术，IGCC 可以把煤炭的污染降到非常低，但没有污染和没有碳排放是两回事，这项技术并不能直接实现碳净零排放，只是原理上可以实现二氧化碳捕集与封存（CCS），但目前大规模使用已有技术的成本过高。有没有可能在财政和金融政策的支持下，通过一二十年的时间把这一成本大大降低，使得今后我们既可以充分利用煤电资源，又不至于造成大规模的碳排放？

翟永平：实际上，国际社会对于 CCS 寄予了很高的期望，而这个期望主要被寄托在中国身上，因为中国具备强大的研发能力、完善的产业链、庞大的市场以及雄厚的资金，如果 CCS 技术不能在中国把成本降下来，就不可能在世界上任何地方降下来。正是中国把光伏的成本降低了 90%，现在国际社会期盼中国在 CCS 技术领域能够起到同样的引领作用。考虑到 CCS 技术日益成熟，2060 年中国实现碳中和的时候，我们可以期待依然有相当比例的化石能源发电站存在。

张中祥：客观上讲，中国煤电厂的效率在国际上处于领先水平，当前中国煤电行业的发电能耗和碳排放量已经不低了。但全国大约 10 亿千瓦在运煤电机组平均运行年龄只有 12 年，平均运行年龄在 10 年以内的省份都在西北，离现代煤电厂正常退役还有 20~30 年时间。让这些机组提前退役会造成很大经济损失，特别是经济不发达的西部地区，机组运行年龄更短，如果一刀切要求退役，损失会更大。从这个角度讲，CCS 技术作为保底技术（也就是零碳技术成本的上限，因为在没有别的可行技术的情况下，总是可以通过 CCS 来实现零碳排放），可允许这些煤电厂不至于全部提前退役。具体如何，不仅取决于CCS技术的成本以及应用的范围和力度，更与中国未来碳排放控制的严格程度密切相关。因为中国承诺在2060年前实现碳中和，未来对碳排放的控制会更加严格。欧美从碳达峰到碳中和一般需要40~50年时间，而中国2030年前达峰、到2060年前实现碳中和只有30年时间，而且中国的绝对排放量是没有任何国家可比的。因此，达峰后中国年减排率将远超发达国家减排的速度和力度。在这种情况下，CCS技术带来的碳减排的效果不一定能够达到预期碳减排的需求量，加上CCS技术成本太高，碳封存会带来其他环境生态问题，也有专家建议，不如把资源和精力放在其他深度脱碳和无碳技术的突破上。

不过，正如人们往往低估了技术变革的影响，人们通常也会低估经济结构转型的影响。我与合作者在研究中发现，历史上能源和排放预测的重大失误往往是由于未能预测到重大的经济结构转变[1]。随着人均收入的提高，中国经济或将逐渐从能源密集型结构转向以服务为基础的结构。综合技术变革和经济结构转型两方面因素和前所未有的节能环保政策的实施，人们对于中国碳排放的前景有可能过虑了，一旦突破某一个阈值，中国的碳排放量可能会出现大幅下降。另外，温室气体远不止二氧化碳，二氧化

[1] Michael Grubb, Fu Sha, Thomas Spencer, Nick Hughes, Zhongxiang Zhang, Paolo Agnolucci, *A Review of Chinese CO_2 Emission Projections to 2030: the Role of Economic Structure and Policy*, *Climate Policy*, 2015(15): 7-39.

碳也不是温室效应最强的温室气体，而且非二氧化碳的减排放成本非常高。因此，电力部门要率先达峰、率先实现零排放并在2060年前实现一定规模的负排放，才能支撑整个能源系统实现碳中和。

魏尚进：关于技术和气候变化的关系，除了碳捕获和存储技术的发展，另外一个比较受关注的领域应该是新能源，其中有两方面技术有待突破。一个是新能源的存储问题，目前新能源的电池消耗很快，仍然需要依赖部分传统供电，不过预计十年之内新能源的存储问题可以得到解决。另一个问题是电池太大限制了新能源的应用场景，目前全球很多高校、研究机构、企业都在研究如何减小新能源电池体量，一旦该问题得到突破，未来将极大地扩大新能源的应用场景。

西部更适合发展新能源

魏尚进：中国提出2060年之前达到碳中和的目标后，对中国的地方经济发展格局会带来哪些影响？尤其西部资源丰富，是否会对中西部的经济发展带来新的机遇？

翟永平：实现碳中和是一个国家层次的目标，但是一定要从基层、从企业开始落实。亚洲开发银行目前正在支持湖南湘潭的一个项目，以帮助他们提前实现碳达峰，进而提前实现碳中和。而在美国，尽管特朗普政府在其四年任期内在气候政策上出现倒退，但来自地方政府和商业领域的气候行动仍然在积极推进。经济发展的动力在基层，中国政府已经在解决气候问题方面展现了强大的雄心和行动力，现在需要从企业和地方层面更主动地去面对这个变化，我认为这个前景非常光明。

张中祥：各地发展极不平衡，经济发展、产业结构、技术水平和自然资源禀赋存在显著差异。国家鼓励经济发达和有条件的地方率先达峰。只有这样，才能为西部和不发达地区晚达峰创造排放条件。从2010年开始，国家先后开展了三批低碳城市试点工作，像苏州、宁波、深圳、上海等东部城市的碳减排是走在前列的，其中深圳在2018年就已经提前达峰。国家对这些城市的期望就不只是达峰，之后的排放控制标准肯定会越来越严格。但是，西部城市由于经济起步比较晚，国家必须给它们留出一定的碳空间。所以客观而言，各个地区的目标不一样，面对的压力也就有所不同。另外，从资源上来看，西部地区更占优势。由于具备丰富的太阳能、风能等可再生资源，西部更适合发展新能源，如果国家严格实施控制化石燃料的生产和消费，西部能够充分利用可再生资源这一优势实现可持续发展，将是一个非常好的机遇，关键在于地方政府能否转变发展的思路。

5 韧性助发展

在税改的同时如何防范债务危机

从 2019 年 4 月起，中国把养老保险的企业缴费率比例从 16%~20%（有地区性差异）削减至 16%，并将适用于大多数工业企业的增值税税率从 16%降低至 13%。这是在 2019 年 1 月份宣布降低公司所得税基础上的又一轮减税政策。这些政策措施有助于应对经济下行的压力，不过同时也会增加未来债务危机的风险。

需要指出的是，政府财政收入的损失与税率的下降并不成比例，因为政府还可以通过强化执法来减少逃税，部分对冲掉税率的下降。尽管如此，政府仍然预期这次税改“组合拳”将大幅降低财政收入，仅在 2019 年就减收近 2 万亿人民币，约占 GDP 的 2.1%。这一政策组合在中期内可能将中央政府财政赤字的 GDP 占比从 2.8%提升至 5%，并可能将中央政府负债的 GDP 占比从 47%推高至 70%。如果再加上为填补社保体系资金缺口而负担的隐性债务，以及体量巨大的广义的地方政府债务，整体公共部门的债务规模会扩大，其 GDP 占比可能继续上升。

国际经验表明，庞大而不断增长的政府债务难以持续，并极有可能导致重大经济危机。为了避免这样的后果，我建议可以考虑以下五方面的政策动作。

第一，政府可以把增值税降低明确为一项暂时举措，比如宣布在 2023 年恢复 2018 年的税率（如果经济增长届时仍低于潜在增长率，减税期可以延长）。暂时减税不仅能让政府债务的长期总额承受更小的压力，它对经济的刺激作用还大于同样百分比的永久性减税，因为它更能激励家庭和企业尽早尽快地花钱和投资。

在此需要指出的是，养老保险企业缴费率可以固定在 16%，甚至可以考虑进一步下调至 15%，不需要在两三年后回到 2018 年的水平。这是因为中国 2018 年的养老保险费率不仅高于大多数的发展中国家，也高于大多数的发达国家，严重影响企业的国际竞争力，从而间接负面影响民众的就业机会。另外，政府主导的养老保险其实质是强制储蓄，对美国、菲律宾这类居民储蓄率偏低的国家非常重要；而对中国这样的居民储蓄率很高的国家必要性不强。养老保险费率下调，会同时影响政府今后有关养老保险的支出与收入，所以对政府的总债务影响不大。

第二，中国可以用新税种替代针对温室气体排放和污染的行政限制措施。这些新税种的覆盖面会很广。现在公众对于环境保护政策的需求也日益强烈，扩大与提高排放税、污染税也符合公众追求高质量生活的愿望。

尽管中国针对某些污染物建立了适度的排放权交易机制，但在实践中大部分的管控还是以针对特定企业的特定活动的行政限制来实现。虽然这些行政限制和税一样通过增加企业的排放成本来降低排放，但却并不能为政府带来收入。这些限制还会造成相似行业生产者在边际生产成本上的差别，从而造成资源错配而降低经济的总体效率。

更好的办法是用排放税和污染税来替代大部分甚至全部的行政限制（由于有些污染并不一定是温室气体的排放，所以这两个是不同的税种），并扩大覆盖到目前尚未受到行政限制的排放行为。与此同时，也应大力发展排放交易机制，包括通过降低企业必须付费的门槛和取消某些行业或企业不受排放权限制的豁免权。这些行动不仅能强化财政可持续性（新增财政收入每年可能达到GDP的2%~3%），还能提升资源的总体分配效率。

第三，部分国有企业集团积累了大量分红与未分配利润，而它们的投资效率并不一定很高。国家作为这些企业集团的大股东，可以把这些积累的分红与未分配利润收到财政统一支配。这样一方面可以降低政府的债务总量；另一方面可以提高总体投资效率。这个政策动作在执行时的一个关键点是：不能一刀切——要区别那些投资机会还很充分、投资回报率高于全国平均水平的国企，与那些投资回报率比较勉强的国企。对那些效率持续较低而又处于竞争性行业的国企，也可以考虑将其卖给更有效率与创新能力的民企，从而为国库带来更多收入。

第四，中国可以通过精简其行政层级来减少政府支出。过去的几十年，国际上很多大型公司在公司治理层面的一个创新点就是利用新的信息技术与管理技术逐步减少了从高管到一线员工的雇员层级，从而达到了减支增效。相比之下，中国政府从七十多年前中华人民共和国成立以来就一直保持着从中央到省级、地级、县级、乡级的五级行政架构。这一行政体系聘任着大量的公务员和非公务员编制人员。

中国已经是全球电子商务和数字支付的领导者，同时拥有成为电子政务先锋的所有硬件基础设施。通过采用数字技术及其他信息与管理技术，中国可以削减一到两层行政体系层级，这样总体效率可能不降反升。这个改革不仅将会减少政府的总支出，符合政府简政放权的思路，还有助于减少腐败。

有人担心政府裁员会加剧经济增长放缓。但缩编并不需要一蹴而就。可以设定一个结合退休和正常辞职的长期减员计划来渐进式地为政府“瘦身”。还可以通过一些激励措施鼓励公务员加入自动离职计划，支持其在其他行业再就业。如此一来，有可能在 8 年之内就使政府的规模缩小 15%～20%，并大幅提升其行政效率。

第五，房地产税或者土地使用税的普遍开征也能增加政府收入，尤其是可以帮助地方政府平衡它们的收支，也可以帮助土地价格与房产价格向更合理的水平过渡。

中国的减税政策是应对经济下行压力的有力一招。未来债务危机的风险应通过几项配套措施来化解——明确增值税减税政策的暂时性，扩大针对温室气体排放和其他污染的税收，行使作为国有企业集团大股东的权利，提收其积累的分红与部分未分配利润，普遍开征房产税，并逐步缩减政府规模。这些改革措施能使中国经济变得更高效而持续繁荣。

债务问题掣肘中国经济复苏

随着疫情影响渐弱，中国的经济复苏之路还需要解决哪些问题？复旦大学泛海国际金融学院学术访问实践教授、中国国际金融股份有限公司首席经济学家、研究部负责人彭文生，与笔者展开深度对话，从经济周期和金融周期角度聚焦中国经济复苏中的债务问题。

彭文生认为，传统经济周期中导致复苏停止的两个因素：一是通胀；二是债务。通胀导致利率上升，打压需求；债务带来的信用紧缩，也会对经济造成负面冲击。中国面临的主要是债务问题，2020 年企业和家庭部门，尤其是企业部门的债务负担进一步大幅上升，由此导致 2021 年债务的还本付息可能成为一个紧缩信用条件、紧缩金融条件的因素，从而限制消费和投资的复苏强度。另外，2020 年中国广义货币供应量（M2）有明显的反弹，基本上都是信贷扩张。信贷和财政不一样，财政带来的货币投放，实际上增加了私人部门的净资产，从而能够促进消费。信贷投放货币，货币量增加了但贷款还是要还的，所以对消费的促进作用就没那么大。中国目前处在金融周期下行的阶段，债务可持续性相对较弱。要还债的话，就要紧缩开支，或者债务违约。由于2020年扩张太快且有不少短期贷款，现在已经看到一些问题的早期迹象，这是我们需要关注的风险点。

用财政扩张解决债务问题

魏尚进：基于中国经济结构的特殊性，为什么中国的债务总量并没有超过美国、日本，而债务问题是一个更值得关注的风险点？为了化解债务问题，接下来应该采取哪些措施？

彭文生：关于债务问题，我有一个根本性的观点，即我们要区分政府债务和企业与居民债务。如果我们把所有债务加在一起，中国的债务情况可以说相对乐观，至少没有欧美等国家的债务问题突出。但是中国面临的问题是非政府部门的债务比较高，中国M2对GDP的比例明显超出美国和欧洲，M2的增长基本上是信贷扩张。比如，欧美的政府债务比我们的政府债务要高，所以政府债务和私人债务加起来，中国并不是那么突出，但是中国的风险主要来自企业与居民债务。尤其是对大型经济体来讲，政府债务不太可能导致违约问题，因为它的融资成本比较低，而且背后有相对独立的央资，但私人债务的可持续性比政府债务的可持续性小得多，特别是在经济下行的阶段。这是我们现在面临的问题。

怎么解决这一问题？从宏观政策来讲，要更多地依靠财政扩张，通过财政投放货币，而不是通过信贷投放货币。财政投放货币实际上可以增加私人部门的净资产，有利于企业或者家庭部门债务的偿还。从微观上讲，则需要建立一个比较好的破产机制。过多的债务就要通过债务重组、债务违约来处理。这里的违约不是指故意逃债，而是要给债务人一个翻身的机会，比如说可以寻求破产，通过设立一整套配套机制形成一个约束。

股权融资替代债权融资有较大发展空间

魏尚进：除了您提到的这两个化解债务问题的手段，您认为让企业用股权融资来替代债权融资，这方面的空间有多大？一方面，现有的债务存量有没有一个可以向股权转化的空间；另一方面，新增的投资有多大空间可以用相对较多的股权形式、相对较少的债权形式来支持？

彭文生：债务重组的一种方式就是债转股。现实中债转股是和整体的法制、产权环境等相关的。当前，随着中国资本市场信用制度的建立，应该说这方面还有很大发展空间。

更重要的是从增量上来看，近几年我国资本市场加大了基础制度建设的力度，全面推广注册制改革，通过信息披露等市场途径进行资源配置。所以，我认为在化解我国债务问题的过程中，这方面的发展空间值得期待。

比如注册制基础性制度建设的一个重要方面是信息披露，信息披露是否完整准确关系到注册制的有效性；如何惩罚欺诈以及坑害消费者的行为，则和投资者保护制度的建立有很大关系，所以注册制实际上需要配套的制度性建设。

M2 增速上行或触发资产泡沫风险

魏尚进：您提到我们国家最近一段时间 M2 增长很快，而且其中主要是以信贷扩张的形式来实现。那么，M2 的快速增长会不会形成股市或房地产资产泡沫或泡沫破灭的情况？未来一段时间是否会出现大量债务违约的现象？

彭文生：这些问题是相互联系的。我们怎么理解 M2 扩张？如果是通过信贷扩张，M2 在短期内会对资产价格产生一个支撑的作用，因为货币发出来就可以进行消费、投资。但是到了还债的时候，M2 就会有一个紧缩的影响。如果收入不够，就要把资产卖掉，但是还债的时候资产的价格肯定就要跌了。

所以我们理论上可以把 M2 划分为两个阶段：第一阶段 M2 对资产价格具有支撑作用，第二阶段可能产生制约影响。那么，如何划分第一阶段和第二阶段；第一阶段对资产的影响到底有多长时间；它和资产的属性是否有关？以房地产为例，房地产和 M2、信贷具有相辅相成的作用，因为房地产是信贷的抵押品，它的顺周期在第一阶段持续得比较长。具体而言，贷款带动了房价上升，房价上升抵押品的价值就会上升，抵押品的价值上升就会有更多的贷款放出，更多的 M2 出来。直到某一天这个系统终于支撑不住了，泡沫就会破裂。

魏尚进：你觉得从第一阶段到第二阶段的转折会发生在什么时候？

彭文生：从金融周期来讲，其他国家的经验可以让我们看到一个大致的规律：房地产第一阶段的调整大约 10~15 年，第二阶段大约是 5~10 年。这是一个金融周期的演变，我认为现在中国是在一个风险比较高的阶段。

按照历史的经验，信贷扩张将延长金融周期，所以未来的金融周期可能进一步延伸，调整的压力可能在 2021 年下半年开始显现。历史经验显示，每一次信贷扩张后的 4~6 个季度对实体经济是起支持作用的，资金将从银行体系流向实体经济。但 4~6 个季度之后，还本付息的负担相对新增信贷增加，资金从实体经济流回银行。这可能在 2021 年下半年就会发生，因此需要关注债务的可持续问题。

求解中国收入和财产分配

浙江大学文科资深教授、北京师范大学中国收入分配研究院执行院长李实和美国得克萨斯农工大学终身讲席教授、西南财经大学中国家庭金融调查与研究中心主任甘犁，与笔者共话中国收入和财产分配。

李实教授对于中国收入分配的当下挑战和未来展望作了全面的阐释。中国收入分配格局当前面临许多严峻的挑战，如居民劳动收入份额偏低、城乡二元体系难以一体化、部分垄断行业的“畸形”高收入持续存在。推进乡村振兴、户籍制度改革、公共服务均等化等有利于缩小收入差距，但收入流动性和代际流动性的降低、新技术带来的就业极化、利益集团的形成等因素则可能阻碍这一进程。未来十年是中国经济社会发展的重要时期，在全社会对于收入分配问题形成共识的基础之上，如果能及时出台更有效的收入分配政策，深入推进收入分配制度改革，那么中国跨越中等收入陷阱，进入高收入国家行列就指日可待。

甘犁教授则从微观角度为我们分析了近年的情况。西南财经大学中国家庭金融调查与研究中心开展的新冠肺炎疫情专项调查数据显示，2020 年中国各阶层的收入预期都大幅下降，且各阶层之间的预期收入差距加大。这直接导致了2020年不容乐观的消费增长状况：居民收入的滑坡、低收入阶层面临的流动性约束、高收入阶层预防性储蓄的增加等因素共同作用于国民消费的保守趋势。从供给侧来看，随着时间的推移，小微企业面临的困难逐渐从供给端转向需求端。同时，“国内经济大循环”受阻于“订单不足+收入下降”的恶性小循环。政府亟须出台大规模一次性现金补贴政策，尤其是对于低收入人群的精准贴补。新冠肺炎疫情发生后，我国应该实施激励相容的收入分配改革政策来支撑今后的长远经济发展。

基于中国整体收入分配格局特征和新冠肺炎疫情的冲击，我们如何通过政策干预促进机会均等、保障和扶持低收入群体？如何扩大中等收入群体？新兴的数字经济如何影响收入分配？

从“结果均等”到“机会均等”

魏尚进：在考虑收入分配这一主题时，我们通常也会关注机会均等。在制定分配和再分配政策的时候，应该怎样更好地达成机会均等的目标？

李实：我们应该强调机会均等，机会不均等会进一步加剧结果不均等。但机会均等是与一定的现实条件相关的，我们在现实条件下推行促进机会均等的机制与政策，应该充分考虑现实条件的差异性。而且，我们不应该过度强调机会均等，因为结果不均等很大程度上会影响到机会均等的实现。比如，当下的高考制度被认为是机会均等的最好范例，考生们站在同一起跑线上，拥有参加高考的同等权利，面对相同的考试题目和评分标准，最终的分数结果是有可比性的：谁的分数高，谁就可以上好大学。可是我们也注意到在过去的几十年中，农村和边远地区的孩子能够上好大学的机会越来越少。虽然高考看上去是一个机会均等的制度，但很多农村孩子在参加高考前实际上并没有享受到均等的公共教育资源，已经受到了机会不均等的影响，也就是说，在现有国情下，很难让所有人都获得绝对均等的机会。因此，我们一方面要强调机会均等，另一方面要努力减少结果不均等对于机会均等造成的不利影响。我们的政策应该双管齐下，在坚持机会均等的同时改善低收入人群的家庭环境、社区环境，推动区域平衡发展等。

魏尚进：要更好地实现机会均等是否还有两方面因素需要关注？一是关注户籍制度改革，这是促进农村与城市、小城市与大城市之间机会均等的一个可行的政策方向；二是关注教育发展，很多研究表明，通过教育可以改善人们在收入与财富积累中的分配地位，所以要关注贫困地区低收入人群教育机会的改善。2019年诺贝尔经济学奖的三位获得者强调了（在收入分配政策方面的）有条件的补贴。他们的研究表明，进行有条件转移支付的具体条件要结合当地的情况。比如在南亚，如何提高学校老师的出勤率就是政策要努力的一个方向。而在中国，这相对来说不是一个重要的制约因素。此外，非洲、南亚的许多父母对教育不太重视，所以政府需要构思更多的政策来提升家长对孩子教育的重视程度。相比之下，中国的父母即使自身教育水平不高，也会让孩子尽量多读书，因为教育可以改变他们的生活。所以，我们在地区之间进行转移支付的时候是否也要考虑这些具体条件的差异？

甘犁：从2015年开始，我们在四川马边彝族自治县做了一些干预实验，我们当时认为问题在于贫困家庭的孩子缺乏学习的动力，他们去上学的主要原因是学校提供营养午餐。于是我们做了一项干预实验，看看给他们一些奖励会产生什么效果，比如，学生完成作业就会有奖励。通过这种干预，我们发现一个排名在后20%的学生，语文成绩提升了0.14的标准差，这相当于在100名学生之中排名提高了3名。所以，如果条件设置得合理，确实会对教育结果带来一些改变。

魏尚进：中国还有一个情况也需要政策干预，尤其是在中国农村的低收入家庭中，父母对男孩和女孩的教育重视程度有区别。如果一个家庭无法同时供养两个孩子完成高中学业，就会选择牺牲女儿受教育的权利。与二十年前比这种现象可能略有改善，但依然存在。所以在我们的政策干预里，是不是也要特别关注提高父母重视女孩教育的激励机制？

李实：现在这种情况有很大改善。在大部分的农村地区，无论男孩女孩基本上都能够接受教育，父母还是希望孩子能上更好的学校。从这个角度看，女孩的家庭地位大幅度提高了，今天和十年、二十年前相比有很大的改善。这种情况也反映在大学生的性别比中，现在大学生中女生占比不断提高，大有超过男生的趋势。

魏尚进：恰恰是因为过去重男轻女造成男多女少，女孩相对稀缺，使得农村父母也增加了对女儿的重视，这种情况才逐渐得到了改善，但这种改善似乎并不完全。农村女孩的初中毕业比较普及，但还是会有很多父母不会让女孩读到高中毕业，而男孩的高中毕业相对更加普及。而且在人口普查中，虽然新生儿的性别失衡情况得到了改善，但依然没有完全纠正。跨国研究表明，女孩的教育水平和母亲的教育水平高度相关，母亲重视教育会给孩子带来积极的长期影响。现在的女孩都是未来的母亲，重视未来母亲的教育对于提升整体社会教育水平，促进机会均等来说大有裨益。所以在双重意义上重视女孩的教育非常重要，这关乎机会均等本身，也关于社会的长远未来。

以公共服务弥合数字机会不平等

魏尚进：新冠肺炎疫情中，数字经济在世界范围内发挥着双重作用。一方面，数字经济的出现是导致收入分配、财富分配更加不均衡的一个重要因素。比如在许多发展中国家，一些贫穷的家庭无法开展线上教育，而相对富裕的家庭受疫情的影响很小，他们可以通过网络获得高质量的课程。

另一方面，数字经济在一定程度上可以缩小财富分配差距，为教育平等创造机会。在中国，疫情期间有各种各样的网课，很多地方政府及民间团队通过在线教育的方式，为农村的孩子们提供受教育的机会。比如，农村的孩子通过在线教学可以接受北京最好的教育，农村的老师可以观摩北京最好的教学方式。所以，我们应该如何定义数字经济的双重性？我们怎样才能更好地发挥数字经济的特性并与分配政策结合？

甘犁：一方面，确实有一些优秀的教育资源通过网络被引进到贫困地区，让贫困地区的教育得到了更好的改善；另一方面，数字经济也确实有可能会加大收入差距。当前数字经济的核心终端是智能手机。目前，智能手机在全国范围内的渗透率达到 74%，尚未拥有智能手机的比率在农村是 39%，在城市只有 15%。低收入群体之中，有 59% 的人没有智能手机，他们很多是老年人和低收入、低学历的人。所以比起对修路等传统基建的投入，我们更要重视智能手机的基础建设，让广大民众能真正享受数字经济的红利。这项举措不需要巨额的花费，也可以通过开展相关教育来实施。

当前，全球化浪潮遇到了很多反弹，一个主要的原因是全球化缺乏包容性，把蛋糕做大了，却没有做好蛋糕的分配。我们应该充分重视下一轮的数字经济革命，提倡包容性，涵盖社会整体，协调全局增长速度，避免因部分不均衡造成的反弹。

李实：数字技术本身是中性的，但使用数字技术的方式则因人而异而带来不同的结果。城市人之于农村人，富裕人群之于贫穷人群，前者总是更容易接触到先进科技。不同人群获得数字技术机会差异性的决定机制是什么呢？一方面是家庭环境，另一方面是个人能享受公共服务的程度。也就是说，不同家庭条件的孩子在数字技术的使用上有明显差距，这是机会不均等的表现。这将会进一步导致个体之间在认知能力、人力资本等方面的差异。所以通过公共服务去缩小不同人群使用数字技术的机会差异是很重要的。我们不能只着眼于技术本身，还要去分析它的影响以及背后的相关因素。

以二次分配扩大中等收入群体

魏尚进：2020 年两会期间关于我国约有 6 亿人口月均收入为 1 000 元的话题，引发了广泛热议。那么，我国的中等收入群体能够扩大到什么程度？假如中国的收入分配格局能呈现出一个橄榄型的格局，这对中国经济社会的发展有什么意义？

李实：形成橄榄型（收入分配）社会的重点在于扩大中等收入群体规模，这同时也取决于对中等收入群体的定义。国家统计局的标准是：一个标准家庭的年收入在 10 万～50 万元之间则为中等收入群体。按照这种标准，全国 14 亿人口中大概有 5 亿人左右的中等和高收入人群，其中高收入人群不足1亿人，中等收入群体规模大约4亿，占整体人口比例不足40%。在这种情况下，扩大中等收入群体规模的一个办法就是促进潜在的中等收入人群——即现在的一部分低收入人群转变为实际的中等收入群体。我们有9亿低收入者，他们中每年约有一定比例的人群进入到中等收入群体。经过10年左右的时间，有2亿低收入者转变为中等收入群体，会形成6亿人的中等收入群体。只要我国能保持较高的经济增速来支撑低收入人群的收入增长（超过社会平均增长速度），到2035年中等收入群体的规模可以达到50%左右。

魏尚进：怎样使中国的中等收入群体更快地增长？

甘犁：我认为政府没有必要干预市场，政府真正应该做的事是改良二次分配的政策。2018年、2019年的减税政策对于扩大中等收入人群的作用不大，因为它对中低收入人群的关注度不够，导致他们未能享受到减税红利，而真正的受益者是已有的中高收入及高收入人群。

另外，想要真正推进收入分配变革，一个不得不关注的概念就是“负所得税”。这在全球并不是一个新鲜的概念，美国将近一半的人所得税为负，即从政府获得的转移支付补贴超过了上缴的税收。国家要改良二次分配政策，实施继续减税扩大中等收入群体规模、补贴低收入人群等措施。这同时也有益于推动中国的消费增长，摆脱对投资、基建和外贸的严重依赖，真正实现内部的大循环。

低收入人群保障需要灵活且及时

魏尚进：中国和其他国家相比具有较高的储蓄率，这主要是中、高收入家庭的贡献。数据表明许多低收入家庭其实并没有多少银行储蓄，收入基本只能涵盖基础消费需求。一旦家庭面临疾病和各类天灾人祸的冲击，没有储蓄抵御的话，其抗风险能力就非常弱。从这个意义上来说，低储蓄率的家庭和人群也需要政策特别关注。如何去帮助这些低收入家庭提高抗风险能力，这方面是否也有可以探索的空间?

李实：一方面要增加低收入人群的储蓄率；另一方面要在一定程度上提高他们的收入，这样他们才有更强的抗风险能力。只依靠低收入人群自身的努力来增加储蓄率效果甚微，一部分低收入人群不是不愿意储蓄，而是没钱储蓄，还有一些低收入人群为了防范未来风险，还是不得不进行储蓄。在这个意义上，公共政策仍有很多探索空间，如果我们的养老公共服务能够提供更高的待遇或者更好的保障，很多低收入人群就不需要自己存钱养老了。还有一部分低收入人群储蓄的目的在于对未来的医疗需求。如果想要降低他们储蓄率，关键在于要消除公共服务不足带来的未来不确定的影响。

甘犁：我同意李实教授的观点，预防未来风险是储蓄的重要因素，但是就目前而言，这应该不是最重要的原因。在过去的十年、十五年中，中国的公共服务体系（养老、医保等）大幅改善，现在几乎是应保尽保。可是在保障程度提升以后，我们的储蓄率并没有降低，在过去十年实际上不降反升。这其中可能有包括男女比例失衡等很多原因。我这里所说的消费不足与收入差距有关，也和转移支付不足有关。所以我们要把对低收入人群和中等收入人群的帮扶与经济增长放在一起考虑。我国政府要坚持对中低收入群体实施大规模转移支付，通过补贴分享经济增长的红利。这对促进中国经济增长、降低收入差距、刺激消费、减少储蓄都有良好的作用。

魏尚进：我们在构思怎样更好地帮助低收入家庭时有各种政策选项可以考虑。例如，可以直接给一些家庭无条件的收入补贴；也有一些城市推出了消费券的形式，由政府来补贴消费。在各种尝试里，哪种做法是最贴合中国国情的？有没有一些地方政府的做法值得在全国推广？

甘犁：杭州是最先推出消费券的城市，一些评估认为其发行的消费券可以使消费有好几倍的增长。我认为在短期内消费券也许作用会较大，在长期则不太可能。但在中国，“消费券”这一概念的普及更具有意义。此前只有杭州在 2008 年做过消费券的尝试，之后并没有其他城市接续而上。现在地方政府愿意拿出来一些真金白银和商家联合起来发行消费券代表着一个巨大的观念转变。

李实：我们首先要认识到这次疫情对于中国的影响是短期的。应对短期外部冲击的最好办法还是社会救济制度。要让低保更具灵活性，包括失业保险等其他保障制度。当前，一些地方实施的依然是常规的社会保障措施，没有考虑到突发事件所带来的影响。如果我们的低保制度能够做到每个月甚至是每周对困难群众进行评估和识别，然后把这种制度向全社会推广，就能及时有效地应对外部冲击；在人们收入低于救济标准时，可以马上去民政系统申报，那么困难人群就能很快得到及时的救助。因此，只要能够使制度更好地与现实融合和对接，那么它将比发放消费券更有效果。从这个意义上说，这次疫情给了我们一个启示：社会治理究竟应该是什么样的？能不能适应类似的突发事件？有了这次的教训，我们应当对社会治理作出相应的调整，使其更加灵活有效，增强应对突发事件冲击的防御能力。

中国迈入“大城市化”时代

据国家发改委数据，截至2020年年底，中国常住人口城镇化率超过60%、户籍人口城镇化率达到45.4%。中国城镇化率迈上新台阶，但仍远低于发达国家80%的平均水平。中国人口向城市群流动的趋势仍在持续。

现代经济发展的一个重要指标是城市化的进程。之所以要大型化，就是因为城市人口规模增长带来的正面的集聚效应远远大于其带来的负面效应，户籍制度的改革将是中国经济增长的重要动力之一。中国人口体量大而人均资源占有量低，大城市化更加有利于集约成本。

笔者就此话题与上海交通大学安泰经济与管理学院特聘教授、上海交通大学中国发展研究院执行院长陆铭，北京大学国家发展研究院金融学教授、博士生导师徐远展开深度对话，共探中国城市化的发展之路。

城市规模是否有最优解

魏尚进：一个国家城市化的过程往往就是经济发展的过程。城市化发展本身具有正、负两方面的外部性：一方面，城市化能够产生经济集聚效应，提高企业效率，激发创新；另一方面，城市化也带来了“城市病”，例如交通拥堵、房价上涨等问题日益凸显。那么我们能否综合考虑这两方面的外部性，得出一个最优的城市规模呢？

徐远：从长远来看，城市的外部性是城市发展必须考虑的重要问题，也是客观存在的现实。至于城市有没有最优规模，我认为答案是肯定的，但城市化的最优规模会随时间而变化。例如，在两千多年前的古罗马时代，根据当时的社会组织形式和技术发展水平，城市最多只能容纳一百万左右的人口。而当今时代，人口两三千万的超大型城市在全球比比皆是。

随着城市治理能力和科技水平的提高，城市的边界在不断扩张。在此过程中，我们也有能力更好地管理城市化的负外部性。例如，利用大数据技术实时监测交通动态，能够在一定程度上缓解城市交通拥堵的问题；以前由于消防、供水等基础服务设施以及危机管理措施的相对落后，限制了城市建筑的高度，因此人口密度较小，随着科技的发展这些问题都逐步得到缓解。所以城市的最优规模及其正、负外部性的控制，会随着特定历史时期的科技发展水平、社会治理水平的提高而不断进步，这是一个动态变化的过程。

陆铭：城市的正外部性和负外部性是可以通过研究估算的。我与合作者曾做过一项关于人力资本的外部性研究。我们研究发现，如果一个城市的人均受教育年限增长一年，那么城市的人均工资水平就能上涨21%左右。所以人力资本具有巨大的正外部性。至于负外部性，我也进行过相关研究。以交通拥堵为例，城市的人口规模增长1倍，人均通勤时间大概仅增加2分钟左右。以污染排放为例，当人口规模增长100%的时候，废水的排放量增长85%，因此污染物的增长量低于人口规模的增长量。所以，城市之所以要大型化，就是因为人口规模带来的正面效应远远大于其带来的负面效应。

至于城市规模，我认为中国城市常见的拥堵等一系列问题，不应该被当作限制城市规模的理由，这些问题恰恰是城市规模受到限制的结果。其中，城市规划是最重要的原因。过去中国的城市规划往往严重低估了人口增长的速度，结果导致城市基础设施的供给远远不足。例如，20 世纪末上海市人口为 1 800 万，2020 年上海人口已经达到 2 400 多万，二十年前规划的基础设施建设是严重滞后的。当供给小于需求的时候，会导致更加严重的城市病。这并非人口增长所致，而应归咎于城市规划的滞后。

城市化路径，何去何从

魏尚进：我们讨论城市化问题也要结合现代经济的特点，比如说老龄化问题。随着老龄化问题的深化，出生率的下降，住房紧缺状况可能进入一个自然缓和的状态。以欧洲地区老龄化问题比较严重的德国为例，德国几乎没有特别大的城市，城市内也很少见摩天大楼。比如法兰克福的摩天大楼的数量可能不足北京的十分之一，因此城市密度也不高。所以德国的情况是“城市化率高，但大城市化率很低”。所以，德国的城市化路径是否也可以供中国参考和选择？

徐远：关于城市化路径孰优孰劣，我认为没有统一的答案。德国有其自身的特殊性。历史上，德国政权比较分散，全国各地的基础设施系统都相对较为完善，所以在城市演化过程中就没有形成超大型城市。第二次世界大战后，首都柏林也被一分为二，因此也难以形成聚集效应。所以德国的城市化特征有其特定的历史原因。但美国、英国、日本、韩国等国家大多还是采取了“大城市化”的发展模式。中国由于人口体量大而人均资源占有量低，大城市化更加有利于集约成本。

陆铭：首先，在对比国内外城市化路径选择的时候，我们必须要明晰城市的概念。中国定义下的城市是指行政管辖区，在国外城市通常指自治体。例如上海，若以国外的概念来划分，那么它的每个县、甚至每个镇可能都是独立的城市。所以采用不同的比较尺度，就会有不同的结果。不同国家的城市化状况不能作简单粗暴的对比。

其次，关于德国的城市化道路，我们在分析的时候需要考虑到其历史的独特性，德国的城市化道路并不具有全球普遍经验。另外，德国目前尚未形成稳定的城市体系，但随着人口不断向柏林、法兰克福等大城市聚集，德国也正在向大城市化迈进。

魏尚进：在欧洲除了德国，法国的情况也很特殊。巴黎人口占据法国人口的六分之一左右，但其他城市规模远低于巴黎，整个法国的大城市化率不是很高。类似情况也存在于奥地利、意大利等国家。

陆铭：首先关于大城和小国的定义，一定要放在国家总人口的层面来看。欧洲人口最多的国家也不过八千万，中国人口则有十四亿之多，两者不具有可比性。越大的国家其城市越倾向于大型化。在人地矛盾更为紧张的国家更容易出现大城市，因为大城市会集约利用土地资源，更加容易释放农村可贵的耕地资源，从而保障农业生产和国家的粮食安全。

另外，技术条件与城市发展的阶段息息相关。很多欧美国家的城市化兴起于第二次世界大战以前，即使经历过战火的摧毁，绝大多数的古城依然保存完好。所以，欧洲一些国家低密度的发展模式是由古城的发展模式决定的。但是，中国的情况有所不同。其一，中国古代建筑大多为木制，到今天已经所剩无几；其二，二战期间中国城市建筑遭遇严重损毁，战后重建时面临的是新的技术周期。所以，中国的城市化阶段和背景与欧洲不一样，它完全是技术变化带来的新结果，我们不能把不同地区的城市化模式作简单的对比。

数字化重塑城市空间布局?

魏尚进：数字经济技术可以帮助人们降低对物理距离的依赖，比如，有一部分的集聚效应不再需要通过物理距离上的接近来实现，线上的交流就很顺畅，从而对优化城市空间布局提供了可行的思路。那么，数字技术的发展对未来的城市规模会带来什么样的影响呢？

徐远：我认为技术进步可以整合分散的需求。例如，我们可以利用数字技术召开线上会议，这在一定程度上弱化了聚集的必要性。但这只是针对浅层次的交流而言。更深层次的交流，例如商务会谈、深度教学等还是需要面对面的沟通。因此，智能通信工具在满足一部分需求的同时，又刺激了另一部分新的需求。就整体而言，技术进步的作用还是以促进城市聚集为主，不会改变历史大趋势。至于未来新技术会不会逆转这个趋势，还有待观察和验证，目前还没有证据表明技术会完全替代面对面交流。

陆铭：大家通常会以为信息技术发展会取代面对面交流，这其实是一个思维误区。所谓“取代”只是局部取代，并非全局替代。当年人类发明电话和电报的时候，也仅仅在一定程度上取代了面对面交流。另外，未来社会发展需要靠创新驱动，创新在推进人类发展和技术进步的过程中将发挥越来越大的作用，而创新恰恰最需要思想的交流，知识的生产和传播都需要面对面进行。面对面交流的效率要远远高于线上交流。

此外，我们忽略了信息技术往往可以带来其他维度上的人口集聚。例如，我们可以通过手机叫外卖，于是市场对于外卖小哥的需求增加了，他们需要进行线下配送，同时与商家和用餐者面对面接触，一定程度上可能实际增加了人与人见面的频次。同理，打车软件也增加了我们对司机的需求，因为信息技术提升了供给效率。我们可以看到中国今天大量的新增就业就出现在外卖骑手和网约车司机人群中。所以信息技术反而是创造了更多的就业。

而且城市越大、人口密度越高的地方，就能创造越多的岗位需求。

当然，信息技术的确取代了一些线下活动，但同样有很多活动是信息技术不能取代的，诸如家政服务、老年护理等。经济学有一个规律，即当一些领域出现技术进步的时候，其劳动力需求往往会下降并流向技术进步慢的领域。随着信息技术的发展，劳动力的流入部门往往出现在服务业，而服务业往往聚集于人口密度大、收入水平高的城市。所以信息技术的多元化使得各部分之间产生互补作用，在宏观层面上甚至增强了城市的集聚效应。从这几层意义上来看，我认为即使信息技术不断发展，最优城市规模也不会变小。

户籍制度改革欲速则不达

魏尚进：很多国家对城市化过程中的人口流动不设政策限制。但我国一直实施户籍制度限制人口流动，由此造成了很多资源扭曲，既不利于公正，也影响了效率。当然，户籍制度改革如果一步到位，对有些城市管理的冲击可能不小。那么我们应该如何把控改革顺序、优化户籍制度改革？

陆铭：当前中国已经加快推进户籍制度改革，国家层面对此已有深刻认识。2020 年 3 月中共中央、国务院《关于构建更加完善的要素市场化配置体制机制的意见》中明确指出，接下来要重点推进特大和超大城市积分落户的改革。中国的户籍制度改革，最终将走向常住人口居住地登记制度。而且除超大、特大城市外，在具备条件的都市圈或城市群将探索实行户籍准入年限同城化累计互认。

需要注意的是，任何过于激进的改革都会带来意想不到的后果。针对中国现状，人口完全自由流动和户籍转成登记制度为理想目标，但欲速则不达。我认为中国未来户籍制度改革的最优路径是在中小城市已经放开户籍的情况下，重点深化城区人口五百万以上的特大和超大城市户籍的制度改革。在推进这些大城市户籍制度改革的同时，要加快速度降低门槛尤其是降低教育的门槛，提高居住年限和社保缴纳年限在积分落户中的权重。

徐远：我补充两点。首先，关于中国经济地理的布局，当前政策已经比较明确。2018 年 8 月，中央财经委员会第五次会议召开，研究推动形成优势互补高质量发展的区域经济布局等问题。其中会议提到，增强中心城市和城市群等经济发展优势区域的经济和人口承载能力，增强其他地区在保障粮食安全、生态安全、边疆安全等方面的功能。未来人口和经济产业向核心城市聚集的方向基本确定，但是也要慢慢推进。

其次，户籍制度改革能否一步到位，这背后涉及成本问题，即如何为新市民提供公共服务。如果户籍制度一下全部放开，人口流入的城市会面临较大的财政压力。所以户籍制度改革需要慢慢来。例如在人口迁移时可以携带原居住地的社保，作为在新城市享受服务的标准，这就为财政平衡争取了时间。新落户的市民同时也可以创造税收，对城市的贡献转化为当地财政收入，同步财政内部的转移支付，可以逐步化解财政压力。所以我认为户籍制度改革应该采取渐进的思路。

科创板与中国经济的未来

创新是做别人还没想到的产品或事情，或者用别人还没想到的生产工艺或商业模式使已有的产品或服务质量更好、成本更低、效率更高。在改革开放的前四十年，创新固然重要，也可以带来市场、就业与利润，但并不是刻不容缓的事情。因为在那个阶段中国的劳动力便宜、生产成本低于世界上大多数的国家，即使没有创新，也可以做到产品的性价比高于其他国家，也可以有市场、利润与就业机会。但是到了今天，创新不再可有可无。不创新的话，经济发展就会倒退，就会面临生死存亡的考验。论劳工成本，恰恰因为中国过去四十年的高速发展，一大批其他发展中国家的劳工成本已经比中国低很多。比如，印度的人口与中国差不多，但平均工资只有中国的四分之一。因此，中国今后的发展不能再依赖低劳工成本，只能通过创新、通过科技发展、通过效率提升来保持或提高在世界市场上的竞争力。

如果说之前中美之间的竞争涉及贸易、货币和文化等方面，目前两国已经将竞争的重心转向科技创新，这从中美贸易谈判的过程就可见端倪。

创新可以由大企业、成熟企业来做，不过历史上许多重要的创新是由小企业做到的，是由有思想、有灵感但是缺乏资金的企业家首先尝试而诞生的。这包括历史上的不少重要发明，比如灯泡、智能手机。如今许多成功的互联网企业也是从小微企业开始的，比如阿里、腾讯、Facebook、PayPal。

一个国家要创新不断，就需要有一个能给有思想、有灵感但缺资金的企业系统地提供融资的制度。科创板注册制在此场景下应运而生。它不仅为国家科技创新战略在资本市场落地新增了一个板块，也为中国经济结构的转型、金融支持实体经济，特别是支持民营高新技术企业发展提供了市场基础。

在上交所科创板推出之前，一批无法在A股上市的优质企业，最终选择到纳斯达克或港交所上市，内地的投资者也因此无法分享到这些企业高速发展的红利。采用国际规则的科创板无疑将成为中国资本市场改革的里程碑，引领内地的资本市场向成熟的资本市场看齐。

科创板实行注册制，发行承销更市场化，交易适度放开，持续监管更严格。科创板允许尚未盈利的企业上市；一定条件下允许同股不同权、VIE架构及红筹股在满足一定条件下上市；承销环节定价采取询价机制；保荐机构子公司跟投等。一家企业通过科创板注册制上市，理论上最快可以不到6个月的时间，效率与现行上市制度有天壤之别。

金融国际化可以与国内金融生态体系的建设有效互补，进一步放大科创板的效果，更好地挖掘出现行制度下难以上市的“隐形冠军”。金融国际化通过国际投资者的参与，可以降低资本市场对国内企业所要求的风险溢价，进一步降低这些企业的融资成本。澳大利亚国立大学的刘欣老师与我的初步研究结果表明，若干年前“合格境外机构投资者”（QFII）制度引进的确降低了许多上市企业的风险溢价、降低了它们的融资成本。我们的研究显示，沪港通也进一步提振了合格企业的资产定价。目前，合格境外机构投资者原则上已经可以参与在科创板的投资，如果将科创板的企业纳入沪港通与沪伦通的篮子里，那会更加便利国际投资者参与科创板的投资与定价。

同时，科创板注册制的成功并不是注定的事。纵观全球服务于中小企业的股票市场，有美国纳斯达克市场作为成功典范；有英国AIM市场、韩国科斯达克市场交投比较活跃；也有德国、加拿大和日本等国家的科技创新板块并未完全成为本国中小创业型企业融资绿色通道。其他市场的成败得失应该是我们深入研究与比较的素材。无论如何，这场市场化的基因改造势在必行。期盼科创板与金融进一步开放能相辅相成，并为创新型实体经济的发展添翼。

科技加金融：既助力增长，又添加韧性

没有比科技与金融的结合更能代表经济的创新亮点了。1999年正式上线的PayPal，本身就是金融与科技的结合，它为始于美国的互联网经济打下了不可或缺的线上支付的基础。紧随其后，2004年支付宝在中国诞生，通过担保交易等创新模式，解决了PayPal在中国水土不服的痛点，为中国线上经济的腾飞铺好了跑道。时至今日，要是没有高效、安全、低成本的电子支付，消费者与企业习以为常的很多经济活动是无法想象的。

金融与科技的结合，如今早已不局限于电子支付领域，它已成为提高中国潜在长期增长率的抓手之一。金融与科技的结合，大大降低了从未有过交集或缺乏资源的企业之间交易的成本，也让众多原本无法获得贷款的小微企业获得了发展的资金，扩大了它们的市场，带来就业与收入的增长。

在新冠肺炎疫情的大冲击下，科技加金融又展示了其为经济添加韧性、降低波动的特性。金融与科技的结合协助线上消费，在抗疫过程中部分抵消了线下消费下滑带来的负面影响。

我们看到，疫情从供求两端破坏了企业和居民的资产负债表，在不少领域对需求的破坏大于供给，对消费金融行业产生深远影响，原有市场业态面临重构。数字科技却看到机遇，探索了扩大精准赋能消费金融业务。包括电子消费券、电子钱包在内的金融科技能够缓解消费者在储蓄、投资和消费之间转换的约束，通过使消费回暖，让经济复苏，甚至超越往昔。

与此同时，蚂蚁集团与微众银行等在线上银行通过降息、续贷等有效手段，在疫情期间帮助有现金流动性困难的小微企业渡过难关。金融科技企业利用现金流数据、在线客户评论和其他数字化指标来生成信用评分，然后基于这些评分向中国数百万的小微企业发放无抵押贷款，而此前这些企业无法获得传统银行贷款。通过金融科技对有借款需求的企业进行财务风险分析、道德风险分析，都可以做得比较精确而且成本很低。技术与高速计算也使审核成本大大降低。

金融与科技的结合也是支持扶贫、普惠经济的一支生力军。我观察到，蚂蚁集团贷款业务早期专注小微电商，但自 2018 年起用金融科技做贷款又有两项创新。首先，金融科技也可以给非电商贷款。假设路边小摊的营业情况参差不齐，用支付宝或微信支付收取客户的情况，网商银行或微众银行就可以根据其现金流增长情况与稳定程度判断其经营优劣。类似于对网络商户的判断，金融科技对线下店铺也可以做风险与收益判断。如果这些企业有资金需求，就可以通过金融科技给它们贷款。其次，金融科技企业可以与传统商业银行合作，为商业银行介绍、推荐它们通过大数据与计算发现的优质、风险可控且有资金需求的小微企业。

要解决或缓和融资难、融资贵的问题，金融开放与国际资本的参与也很重要。一个项目的融资成本是经济体里无风险资金成本加上项目的风险溢价。资产定价理论告诉我们，一个项目的风险溢价不是只看这个项目从现在到未来现金流时间序列本身的稳定性，还要看该现金流与含整个经济体里各种资产的大篮子（market portfolio）的总体报酬率时间序列的协同相关性（co-variance）。该协同相关性越高，就表明这个项目的风险越难规避，从而市场对该项目所要求的风险溢价也就越高。国际资本的参与可以通过降低风险溢价而降低民企的融资成本。这是因为对大多数的投资项目而言，其现金流与含所有国际资产大篮子（global market portfolio）的回报率的协同相关性要远低于与只含国内资产大篮子（national market portfolio）的回报率的协同相关性。

刘欣老师与我的研究表明，银行贷款是一个把金融开放降低风险溢价、降低融资成本的好处转化成新增融资的重要渠道。金融开放带来风险溢价的降低，比较多的企业在开放项目落实后的几年里，从银行贷款的增长速度明显要比其他企业快。换言之，在银行评估申请贷款的企业风险时，资本市场的信号也会传递到银行贷款决定。

在中国经济高质量发展的今天，劳动力成本已经高出大多数发展中国家，因此由科技创新辅之以资金配备带来的生产率的提高，将是未来中国经济增长非常重要的源泉。科技创新不能只依赖大企业，最近二十多年的许多重要发明创造都来自缺乏自有资本的小企业或个人，如阿里巴巴、腾讯、Facebook、SpaceX 等。大量研究表明，相对于银行信贷，资本市场的发展对于高科技企业和依赖外部融资的企业有正向激励作用。因此，资本市场的创新是决定科技创新速度的重要变量之一。

科创板诞生及时，但还不够。全面试点注册制能促进科技企业的发展，资本市场需要不断创新。在后疫情这一特殊情境下，中国更需要补齐资本市场服务科技创新的短板，深化金融供给侧结构性改革，继续推动去杠杆增加直接融资，进一步降低科技企业上市的门槛。不久的未来，优秀的科创公司能得到资本市场更有力的支持和更宽广的退出渠道。

金融科技及其在商业场景的运用，是中国领先于世界的领域之一。但科技加金融可以发挥的潜力远超金融科技本身。科技加金融对提升民众生活质量、企业增长、经济体与社会对冲负面冲击的韧性，已经初现闪光的端倪，未来一定更加美好。

6 金融与社会

性别失衡对经济有多维度的影响

在 2021 年 5 月公布的第七次全国人口普查的数据里，我们看到全国男性人口比女性人口多 3 490 万。由于女性平均寿命高于男性，其实 50 岁以上人群中女多男少是一个全世界普遍的正常现象。但我们可以看到中国年轻人里男多女少的现象却继续存在。而在绝大多数国家，年轻人中男女人数基本相当，中国性别失衡问题特别值得关注的主要就是年轻人口男女比例的失衡。从新生婴儿的性别比例看，当前的失衡情况已经有所缓解，但失衡的态势还没有消失。

我与几位合作者在过去十几年里思索并研究了性别失衡的前因后果，有一系列的研究论文阐述了年轻人性别失衡对经济增长、储蓄率、贸易顺差、房价等多个问题可能带来的巨大甚至意想不到的影响。从 2011 年在《政治经济学》杂志（*Journal of Political Economy*）就此问题发表第一篇文章开始，到 2021 年我对这一问题的研究已经跨越十周年。

先从性别失衡与储蓄率的关系讲起。中国居民的储蓄率（即储蓄占家庭可支配收入的比例）从20世纪70年代到现在一直位于世界前列。如果将负债考虑在内的话，美国的家庭储蓄率接近于零，而亚洲国家的储蓄率比较高，大概是百分之十几到二十；中国居民的储蓄率超过百分之三十，比以高储蓄率闻名的其他东亚与东南亚国家还要高。

但有意思的是，中国的储蓄率并不是从来都这么高，20世纪90年代初，中国家庭的储蓄率和其他东亚国家相比差不多。农村家庭储蓄率是从1990年的11.6%上升到2007年的29.1%，城市家庭从15.1%上升到31.9%，也就是说，在此期间中国家庭的储蓄率相当于翻了一番。高储蓄率会引发其他很多现象，比如引发中美经济贸易摩擦的变量之一——经常账户顺差。当一国总储蓄率高于总投资率时，就会造成贸易或经常账户顺差，所以近十几年来中国经常账户顺差比较高的原因之一就是居民储蓄率较高。

一国的总储蓄率可以来自居民、企业与政府三个部门。中国企业部门的现金留存也比较高，尤其是民营企业，部分原因是需要通过留存一定的现金，来防御未来成本或需求冲击来临、需要用钱又不能顺利融到资金的情况。不过，我与Tam Bayoumi及童晖博士将中国企业与其他国家企业作比较，研究发现中国企业的净储蓄率（即现金留存减去投资）低于其他大中型国家的企业。中国政府近十几年来也保持负储蓄率，即财政收入小于财政支出。综合来讲，从跨国比较角度看，如果要理解中国贸易账户或经常账户为什么比别国多一些顺差，那么中国居民高企的储蓄率是一个比较突出的因素。

那为什么在20多年的时间内中国居民储蓄率翻了一番？传统的储蓄动机不能完全解释这个现象。因此，我和张晓波老师提出了“竞争性储蓄率”的概念，我们认为竞争性储蓄率在其中扮演了很重要的角色。

竞争性储蓄指的是通过积累财富，在竞争中获得优势，以满足个人强烈的生物和生理欲望。当竞争加剧时，人们愿意大幅调整储蓄率。一个人的储蓄相对于同年龄、同性别的人越高，其竞争地位就越好。

中国计划生育政策的放宽将导致三个变化：第一，人口数量的变化；第二，人口年龄结构的变化；第三，20年后出生性别比和婚前年龄人群性别比的变化。传统的经济研究提到“人口因素”时，往往只想到政策变化对人口数量和人口年龄结构的影响。但竞争储蓄动机指向了第三个渠道——出生性别比的变化以及在未来几年内婚姻市场中年轻一代性别比的变化。从进化的角度来看，我们有充分的理由认为竞争性储蓄在数量上具有重要意义，而且在未来几十年也不容忽视。

在2011年首次提出了竞争性储蓄动机的概念之后，我与研究合作者（包括杜清源老师、刘胤博士、谭之博博士）又在一系列论文里将此概念用于分析房价、汇率、经常账户、企业创新、生产安全等诸多问题。

传统理论难解中国储蓄率激增

中国家庭储蓄率高企，很难完全由诸如生命周期理论、预警储蓄动机、文化习惯或金融发展欠缺等传统方式来解释。

第一个可能的储蓄动机基于生命周期理论，一个人的储蓄率是随着生命的不同阶段起伏，并最后回落的。随着处于工作年龄的人口占比增加，储蓄率应增加，而这与家庭层面的数据结果不符。

将个人的生命周期、储蓄周期概念套用到国家层面来看，不同国家的储蓄率不一样，可能是因为这个国家尚未进入工作年龄的人口、处于工作年龄的人口和退休人口之间的相对比例不一样。但这个讲法在中国与别国的实际数据里面不太受到支持。

第二个可能的储蓄动机是谨慎动机理论或称预防性储蓄动机，它强调储蓄是一种保险工具，可以用来防范未来不测的支出需求。具体而言，个人储蓄的原因是，未来可能在本人或者家人遇到生老病死残等不测事件时，以防急需用钱而缺乏其他融资渠道的情况发生。很多人认为这一理论非常适合中国的情况，因为可以想象未来各种支出的不确定性的确很多，中国养老金制度与医疗保障制度还不够健全。这个理论确实有其道理，能帮助我们部分理解中国居民较高的储蓄水平，也是理解中国居民储蓄率问题最被广为接受的解释。

不过，预防性储蓄动机仍然是不全面的解释，它可以帮助我们理解三十年前中国的居民储蓄率为什么高企，但不太能解释过去三十年中储蓄率不断攀高的原因。虽然中国今天的劳保制度、医疗保险与新加坡、北欧国家相比还有很多需要改进的地方，但是如今的医保制度、养老金制度肯定比20世纪90年代初更完善。按照预防性储蓄动机的逻辑，中国居民的储蓄率应该逐渐下降才对。

第三个储蓄理论动机基于文化因素。不同国家的父母对子女关于储蓄重要性的教育不一样。中国传统文化不主张寅吃卯粮，除了买房之外不愿意贷款；相反美国人比较偏好贷款。但是，文化因素或许可以帮助我们理解为什么包括中国在内的东亚各国的居民储蓄率可以达到15%，而非美国人的1%~2%，但不能解释为什么中国的储蓄率从20世纪90年代初的15%激增到如今的30%乃至更高，因为文化习惯等因素持续性较强，在短时间内难有大的变化。如果要说文化因素有变的话，应该认识到现在的年轻人更愿意透支消费，那么这个文化因素应该会让居民储蓄率逐渐下降。

最后，对于中国家庭高储蓄率的原因，金融体系发展欠缺也不能给出很好的解释。中国如今的金融体系的完善程度远胜于多年之前，但是储蓄率却不断攀升。

所以，以上三大经典的储蓄理论和金融体系发展欠缺都很难解释近三十年中国储蓄率快速上升的形势。

求证竞争性储蓄动机

竞争性储蓄这个概念是由我和张晓波于2009年提出来的，文章发表于2011年[1]。它的含义是除了上述三种储蓄动机之外，居民还有一个储蓄动机是要增加自己或者孩子在婚恋市场上的相对竞争力。与标准的生命周期和预防性储蓄动机不同，竞争性储蓄动机完全是与他人竞争。这部分储蓄的直接目标是提高相对财富水平，其最终目标是提高在婚恋市场上的竞争力。

竞争性储蓄动机实际上是对人类特性的一个描述，是适用于世界上所有国家的。储蓄的形式不仅包括放在银行里的存款，也包括所有资产的积累。在中国，对大多数家庭而言，最重要的储蓄形式或者资产积累的形式就是购房。提高储蓄率的具体形式，就是买越来越大、越来越贵的房子，或者买更多的房子。当然，投资股票或其他金融资产也是储蓄的形式。

按照我们的逻辑，竞争性储蓄动机是各国许多居民的储蓄动机之一。那么为什么它在中国的表现强度会这么大呢？这是因为中国自20世纪80年代开始，尤其是在过去三十年里，年轻人中男多女少的现象越来越严重，这使得对于有男孩的家庭，竞争性储

[1] Shang-Jin Wei, and Xiaobo Zhang, 2011, "The Competitive Saving Motive: Evidence from Rising Sex Ratios and Savings Rates in China", *Journal of Political Economy*.

蓄的重要性大大上升。这不仅推高了这些家庭的储蓄率，也通过房价与其他渠道，“传染”带动了其他家庭的储蓄率（相比之下，欧美国家年轻人男女比例在过去几十年里基本平衡，从而由竞争性储蓄动机带动的储蓄率没有发生变化）。

根据我们的估算，自2000年以来，中国婚前年龄人群的男女比例急剧上升所引发的储蓄竞争动机增强，在此期间对中国储蓄率的实际增长贡献了大约50%。事实上，包括新加坡、印度、越南、韩国在内的许多国家也出现了婚前年龄人群性别比例失衡的现象。因此，竞争性储蓄动机可能在这些国家的储蓄率演变中也发挥了数量上的重要作用。此外，在性别比例平衡的国家，竞争性储蓄动机仍然存在并很重要，尽管由于这种储蓄动机的强度缺乏变化，很难估计其影响。

竞争性储蓄动机对中国尤其重要。中国地域辽阔，不同地区的性别失衡程度存在显著差异。来自中国婚恋市场的压力持续增加，源于中国不断增加的性别比例失衡，适婚男性越来越难结婚娶妻。从20世纪90年代开始，中国出现了适婚青年男多女少的现象。从自然科学的角度讲，新生儿的男女比例大致为106∶100（在没有重大饥荒的社会中）；而到了谈婚论嫁的年龄段（15岁到35岁）男女比例基本是1∶1。之所以出现这种情况，一方面是因为男婴出生率略高是对男婴夭折率较高和男孩从事冒险活动死亡的自然补偿；另一方面是因为在一般适婚夫妇中，丈夫要比妻子年长一些。所以正常的情况下出生婴儿的男女性别比大概是106∶

100，这样出生时的男女比例，到了婚恋时期正好使得青年男女比例趋于平衡，全世界的普遍规律原本相差不远。

中国在执行计划生育之前，20 世纪 70 年代末 80 年代初的时候，这一比例大概是 107∶100，换言之与世界大多数国家的情况基本相同。但执行计划生育之后，中国就出现了新生儿性别比例不平衡的情况，而且越来越严重。2007 年，中国男女婴出生时候的性别比例大约为 120∶100；适婚年龄段的比例大约为 115∶100。每 1.15 个男人对 1 个女人，意味着大概每九个男性里面有一个（从数学上说）是找不到配偶的，也就是说接近 11%的男性找不到老婆。这就会出现问题，假设多数男孩的父母是希望孩子结婚的，这个时候能做什么？增加储蓄或人力资本投资都是竞争的手段之一。出现性别失衡的时候，男孩的父母希望通过积累财富来增加自己孩子在婚姻市场上的竞争力；父母也可以在儿子的教育上投入更多，并督促他们在学校更努力地学习。因为性别失衡使得竞争性储蓄动机对储蓄的相对贡献，要比其他动机上升得快很多，造成储蓄率上升。

竞争性储蓄动机有没有数据支持呢？大致有以下三大类证据。

第一个证据是全国性数据，全国的适婚年龄段的人口性别失衡的程度和全国的居民储蓄上升情况非常吻合。在国家层面上，中国婚前人群的性别比例从 1990 年的接近平衡上升到 2007 年的 115∶100。同期，中国的家庭储蓄率（占可支配收入的一部分）差不多翻了一番。国民储蓄率的时间序列数据和婚前人群的性别比例显然是一致的。这个数据可以参考，但从统计上说不是很严格。

第二，虽然整体上中国男女比例呈现出不断上升的趋势，但全国各地区之间男女比例失衡的程度却大相径庭。例如，安徽省的男女性别比非常不平衡，大约是120：100，而内蒙古的男女性别比几乎是平衡的。由于婚姻市场非常本地化（人口普查数据表明人们为了结婚而跨地区迁移的比例很低），我们可以研究一个地区内居民平均储蓄率如何对当地婚姻市场条件的变化作出反应。如果用省市之间比较，是不是哪个省性别失衡相对严重，当地居民储蓄率更高？答案是肯定的。也可以反过来看，因为从1990年到现在，不同省的性别失衡加剧的程度也不一样。那是不是哪个地区性别失衡增加速度快，当地的储蓄率增加也会相应快一些？我们的研究发现答案也是肯定的，数据非常明显地支持了这些说法。

第三个证据是微观家庭住户数目。竞争性储蓄动机理论告诉我们，当性别失衡发生时，有男孩的家庭的储蓄率一般会高于有女孩的家庭。不仅如此，同样是有男孩的家庭，即使父母的工作情况、收入水平与其他家庭情况相同，那些住在年轻人性别失衡较严重地区的男孩家庭就会有更高的储蓄率。换言之，一个家庭是否有未婚男孩，与当地年轻人男女比例，两个因素共同影响该家庭的储蓄率。竞争性储蓄动机的这个“预测”是其他储蓄理论没有的。这个“预测”是否正确也是可以在实际数据里被证实或证伪的。

为了检验家庭储蓄率（可支配收入）和当地的性别比例（省区市级）的实证关系，我们也要考虑其他储蓄利率的决定因素，如家庭收入、户主年龄、性别、种族、教育程度、孩子的年龄以及家庭成员是否有重大健康问题。我们理论预测的相互作用效应在数据中得到了有力的证实。我与张晓波（2011）的研究发现，在农村男性性别比例失衡严重的地区，未婚儿子的家庭往往有更高的储蓄率。储蓄高的主要表现形式就是有未婚男孩的家庭辛苦打工，然后把积攒下来的钱用来造房子，或者在县城买房子。在中国的各个城市之间，有未婚儿子家庭的储蓄率往往随着当地的性别比例而上升。有意思的是，城市里有未婚女儿家庭的储蓄率，虽然一般比有男孩家庭的储蓄率低，但也会随当地性别失衡程度的上升而上升。

举例来说，比较两户三口之家，一家有未婚男孩，另一家是未婚女孩。平均来说，有男孩的家庭的储蓄率会比有女孩的家庭高一些。但是这还不是最能说明问题的，一个很有意思的现象是，如果两个家庭都各有一个 12 岁男孩，父母工作也差不多，收入也差不多，唯一的区别是一家住在包头，当地的性别失衡非常微弱，另外一家住在合肥，当地性别失衡非常严重（大约每六个男孩中有一个从统计上说是无法在当地找到配偶的），这时候就会发现合肥这个家庭的储蓄率会远远高于包头这家。换言之，孩子在婚姻市场上面临的竞争程度会影响到父母的储蓄。我们实际的统计分析是列出了所有的省区市，分别把每个地方的性别失衡程度刻画出来，然后看不同地区的性别失衡程度会不会影响当地的有男孩家庭的储蓄率。研究发现男性在婚姻市场上遇到的竞争更大，更多的男性追逐相对少的女性的话，他们的家庭储蓄率明显更高。

竞争性储蓄动机不仅是一个质的概念，我们还可以统计推算出当性别失衡加剧的时候，储蓄率会增加多少，即所谓的储蓄针对于性别失衡的弹性系数。根据我们统计估算出的弹性系数，可以推算出 1990 年到 2007 年期间，中国家庭储蓄率的增幅中约一半归因于性别失衡问题的加剧。也就是说，竞争性储蓄动机视角可以解释中国家庭储蓄率过去三十年增幅中的一半。

性别失衡加剧竞争性储蓄

除了竞争性储蓄动机的实证研究，我与杜清源（2011）通过数学模型，进一步推导了竞争性储蓄动机较严谨的理论模型，并由此出发研究竞争性储蓄动机如何对理解贸易顺差提供新的视角。我们的模型阐明了个人水平上的竞争性储蓄动机可以转化为整个经济总储蓄的重大变化的条件。从理论中可以总结出一些要点。

一方面，婚恋市场上供给过剩端的储蓄率将趋于上升。换言之，当出现男多女少时，男性更需要通过提升储蓄率来提高自己在婚恋市场上的竞争力。这一点基本可以说是不言而喻。在男性相对过剩、结婚可能性降低时，男性或是未婚男孩的父母会倾向于增加储蓄。这是因为更高的储蓄在约会和婚姻市场上被认为是一个有效的信号和竞争工具。

另一方面，相对稀缺端的储蓄率的影响是不确定的。也就是说，当男多女少的情况出现或加剧时，女方储蓄率的变化是比较微妙的。一方面，女性（和她们的父母）因为在婚恋市场上的谈判力有了提高，从而可以少储蓄多消费，反正可以搭上未来丈夫更高储蓄的“便车”。但是，另一方面，虽然男多女少让男性整体的储蓄率有了提高，但储蓄率特别高或条件特别好的男性仍然是有限的。这造成女性与女性之间也要竞争，而且在性别失衡严重时条件特别好的男性要比性别没有失衡时更值得追逐。为了与可能遇到的最好男性匹配而发生的女性之间的相互竞争，促使她们会提高而不是降低自己的储蓄率。此外，考虑到婚后家庭生活中夫妻双方的话语权很大程度上受到夫妻双方财力的影响，男方家庭的储蓄增加就会对女方家庭储蓄造成压力，这是一种储蓄压力的溢出效应。如果这种溢出效应是通过房价来体现的，那么这种效应在城市地区体现得会更加明显。因此，有女儿的家庭不希望减少储蓄，从而避免女儿为人妻后受到委屈。以上两方面的因素对女方家庭储蓄决策的影响是相反的。

这些理论逻辑的讨论，表明女性或有女孩的家庭并不一定会因为男女比例失衡的出现或加重而降低自己的储蓄率。

在性别失衡严重的情况下，男孩更加优秀，财富增加也更快；

而女方家长希望女儿匹配上更好的男孩的动机也因此更强。但是特别优秀的男孩总数并没有增加，主要集中在少数的精英阶层。女孩想找到有限的、优秀的男孩，女方家长也会攀比和竞争，比如女方父母增加对女儿的人力资本投资和提高储蓄率。

性别失衡持续影响经常账户

传统的储蓄决定因素只是亚洲国家高储蓄率的部分原因。关于竞争性储蓄动机的研究表明，许多国家的性别比例上升可能在维持高储蓄率方面发挥了重要作用，或在近年来将储蓄率提升到新的高度。

任何一国，当其总储蓄超过总投资时，就会出现经常账户的顺差，也就是说，当一国的总储蓄不能完全由本国的投资来消化的话，剩余的储蓄会由别国的投资来消化。中国、日本、沙特、新加坡都是这样的例子。反过来，当一国本国的储蓄不够解决本国的投资资金需求，就需要以经常账户逆差的形式借用别国的储蓄。美国就是这样的例子。结合我们对竞争性储蓄的分析，性别比例失衡是一些国家经常账户盈余背后的一个还没被充分关注的“缺失的”基本变量。杜清源与我的研究表明，性别比例失衡的出现或加重可能会导致经常账户的暂时的但持续多年的增长。当社会中的所有群体都完全适应了新的男女比例后，后者将转向长期均衡水平。尽管如此，过渡期可能长达 10 年。如果性别比例不是一次性增长，而是像中国那样持续上升，那么中国经济的经常账户盈余阶段可能会持续更长时间。如果像中国这样的大国在竞争性储蓄动机增强的情况下实现盈余，那么在转型期间，世界其他国家就必须共同实现经常账户赤字。

性别失衡加剧了竞争性储蓄动机，还可能造成了实际汇率被低估的印象，即使在实际汇率并没有被低估的情况下也会给人如此印象（杜清源和魏尚进，2011）。在我们的理论提出之前，人们看到某国有持久的贸易顺差，往往会认为一定是该国对汇率进行了干预，把本国货币的对外价值人为压低，这才可以解释为什么出口可以持续大于进口。但竞争储蓄动机的研究表明，我们应该以更宽的视角看待储蓄和经常账户的结构性因素，性别失衡通过竞争性储蓄动机也会让一国的储蓄率超过投资率，从而产生贸易或经常账户的顺差。如果要让这样一个国家的顺差降下来，就一定要正确认识到造成顺差背后的原因，仅仅关注名义汇率可能不全面。

房产成为婚配市场“显贵”

所谓储蓄不仅是放在银行存款账户里的钱，而是所有个人没有花掉的收入，是推迟的消费。除了存款之外，购买金融资产、投资房地产也是一个储蓄的行为。在中国今天的情况下，对大多数家庭而言，购房是最重要的储蓄形式之一。性别失衡上升造成有男孩家庭购房的冲动和压力增加。这实际上是竞争性储蓄的一个推论。

在标准住房经济学中，房产被视为一种资产或一种消费品。然而，房产有时也被称为一种“地位商品”或“身份商品”，因为房产是一种非常可视、价值相对容易核实的财富形式，比银行存款、股票交易账户和许多其他形式的财富更能被观察到。婚配竞争通过竞争性储蓄动机会促使人们追求更大、更贵的住房。由婚配竞争造成的对房产的需求在所有社会中都可能存在，即使是那些没有性别比例失衡的社会，但其重要性不容易被观察到、不容易被衡量。

相对于收入的增长，中国的房价和其他一些经济体相比似乎上涨得太快。通常用来解释房价的理论，比如货币供给、城市化在这方面的解释不够全面。因为同样的因素也应该推高租金率，然而中国房价租金比也在大幅上升。

21 世纪初以来，中国婚前年龄人群中男女比例的上升引发了婚姻市场日益激烈的竞争。由于男多女少，女方的议价能力增加。在其他条件相等情况下，女方愿意嫁给拥有更多财富的丈夫；而男方会竭尽全力去购买一个超过其消费（和金融投资）需求的更大、更贵的房子。我们发现了一个信息丰富的互动效应：家中有一个未婚儿子，同时生活在一个性别比例高的地区，增加了一个家庭想拥有一套昂贵住房的可能性。通过微观数据分析发现，这种竞争导致房价非理性地上涨，解释了 2003—2009 年间中国城市房价上涨的 30%～48%。

高性别比例的地区，住房面积更大，住房价格更高。这种通过住房的传导机制，在城市比农村更明显。具体来说，因为农村地区和城市地区的住房市场截然不同，性别比例的上升可能会更多地推高城市地区的房价。因为男方父母通常希望帮新婚夫妇购置新房，所以房价高企加重了男方家庭的储蓄压力。另一方面，有女儿的家庭（还有其他所有家庭）也需要买房居住，所以他们也不得不增加储蓄，缩减其他开支，来应对地方性别比例的上升。如果男方储蓄多用在女方本人身上，而不是女方父母身上，则女方父母更有压力增加储蓄。

我们通过数据核实发现，全国性别失衡越严重的地方，房价上升也会越快。如果我们用竞争性储蓄的框架去看数据就会发现，房价租金比在性别失衡严重的地方上升得特别快。性别失衡不是房价上升的唯一原因，当然也有很多投机因素和城市化的原因在发挥作用。但是性别失衡是房价上升以及房价租金比上升的重要原因之一，更重要的是这个因素不容易被认识到。

企业家精神在性别失衡中崛起

因经济增长理论方面的开创性工作而获得诺贝尔奖的罗伯

特 · M. 索洛（Robert M. Solow）曾说："一切都让米尔顿（弗里德曼）想起货币供给。而一切都让我想起性爱，但我不让它出现在论文里。"索洛没有把性爱与经济增长联系起来，可能漏掉了一些影响增长的重要因素。性别比例失衡可能是经济增长的重要驱动力之一。

婚配竞争可以激励人们付出更大的努力和承担更大的风险，这是达尔文主义的观点，并不是全新的。然而，年轻一代性别比例上升加剧的婚配竞争可能是中国总体增长故事的重要组成部分，这一观点此前从未被系统地提出，也未得到过验证。

首先，在短短的10年时间里，中国经济总量稳步超过了英国、法国、德国和日本，从世界第6大经济体（即使没有调整购买力平价）跃居为第2大经济体。因此，任何能增进理解中国经济增长表现及其未来前景的事情都具有全球意义。其次，在中国广袤的国土上，性别比例的不均衡在各地区之间很不同，以及大多数人在本地结婚的事实，都为研究配婚竞争的经济后果提供了难得的好机会。

中国经济增长有超过70%应归功于私营部门的崛起，而近70%的私营部门增长归因于新私营企业的诞生和增长。利用1995年和2004年两次工业企业普查的数据，我们发现更多的国内民营企业可能出现在性别比例较高的地区。

由于财富是一个人相对地位的重要决定因素，为了存钱买房娶妻，有男孩的家庭首先得挣钱。对于处于社会底层的男性来说，如果不去冒险，经济地位很难提高，也就很难找到配偶。

这就产生了创造财富的强大额外动力。特别是有儿子的父母，对性别比例上升的反应是参与更多的创业活动，提供更多的劳动力，更愿意从事不愉快或危险的工作，所有这些都是为了追求更高的预期薪酬。有女儿的家庭不会以同样的方式应对更高的性别比例。这种企业家冒险精神对推动经济增长有很大的作用。通过估算，性别比的上升每年给 GDP 增长贡献两个百分点。

通过对幸福感回归分析，我们发现，当性别比例上升时，人们的幸福感会下降。性别比例带来的直接负面影响大于更高性别比例所带来的额外收入（增长）的间接影响。从这个意义上说，由性别比例刺激的额外增长是一种减少幸福感的增长（英语叫 immiserizing growth）。

“失踪的女孩”带来致命后果

因工死亡是全世界十大死亡原因之一，每年夺去约 110 万人的生命。这一问题在中国也很严重。2000 年，中国每生产 100 万吨煤，就有 5.9 名工人死亡。煤炭生产的死亡率比美国高出 195 倍，比印度高出近 13 倍，而印度的人均国内生产总值仅为中国的一半。在 2003 年至 2013 年的十年间，尽管收入增长迅速，但中国 41 岁至 60 岁的男性死亡率仍上升了 12%。

竞争压力作为工伤和意外死亡的原因，在既往文献中尚未有系统的探讨。而我们发现，由于性别歧视，中国、印度、越南、韩国和其他国家有数以百万计的女孩本应出生但没有出生。这是人口数据中所谓“失踪的女孩”现象。由于出生时女童严重少于男童，之后婚龄女性的短缺导致许多育有婚龄儿子的父母为赚钱提高儿子婚配市场上的竞争力而容忍不安全的工作场所。因此，“失踪的女孩”现象会导致间接但致命的后果。

父母群体死亡率的上升，特别是成年男性死亡率的上升与年轻群体中性别比例失衡的加剧有关。年轻男子或有儿子的父母在面对由男多女少引发的竞争压力时，会更拼命地赚钱，包括承担更多的风险来积累财富，增加他们（或他们的儿子）在婚姻市场上的吸引力。然而，额外的辛苦工作和冒险行为是以更高的死亡率为代价的。

对于有儿子的家庭来说，性别比例失衡增加了外出工作的可能性，增加了外出工作的时间，也增加了参与高风险工作的概率，但对于独生女儿的家庭则不然。在性别比例失衡的地区，劳工市场上更多人、更多潜在雇员（potential workers）愿意忍受危险的工作环境（以换取高一点的报酬）。但是，当潜在雇员降低了对工作安全的要求、削弱了议价能力时，雇主也会作出反应，会降低对工作场所安全的投资。张晓波、谭之博与我的共同研究发现，一方面，在男女比例较高的地区，工会成立安全生产专门委员会的比例明显降低。另一方面，性别比例失衡程度较高地区的企业不太可能提供工伤保险，而这是雇主在工作场所安全方面投资的一个环节。

因此，在年轻女性短缺较为严重的地区，有适婚年龄儿子的父母群体遭受意外伤害和因工死亡的发生率显著更高。这些发现都揭开了过去10年中国中年死亡率，尤其是中年男性死亡率上升的谜团。

纠正性别失衡需要政策干预

性别比例上升导致总储蓄上升可能是一种过渡性现象，但由此产生的扭曲需要经历较长时间才能得到纠正。导致性别失衡的直接因素之一是选择性堕胎，而其背后是三个因素的综合作用：传统思想中重男轻女的观点，技术上年轻夫妇可以在婴儿出生前知道性别、政策上许多家庭的孩子数量受到限制。

重男轻女的思想是可以演变的。性别失衡造成男孩家庭的经济负担加重，这本身也会促使人们反思重男轻女的观念。这意味着男女失衡有一个自我纠正的机制。但是，如果性别比例要遵循均值自然回归过程，其回归速度是较慢的。我们的估算表明，性别失衡的自我纠正需要约两代人的时间。

在婚恋市场上的男女比例在接下来二十年里会先恶化再改善。做这个判断的逻辑很简单，因为五年、十年后婚恋市场上性别失衡的情况今天就可以知道了。

中国放开二孩对性别失衡以及竞争性储蓄、竞争性买房的影响分为两部分。第一，放开二胎的直接后果是新生婴儿中的性别失衡程度会降低。对大多数家长来说，并不是男孩越多越好，女孩越少越好。如果能有两个孩子，最好是一男一女。在这种情况下，新生婴儿里面性别整体失衡程度就会因为二胎政策有所降低。这个判断在数据里面也可以看到，放开二孩以后，新生儿的性别失衡情况普遍在改善，但是男女比例还是不平衡的。第二点，新生婴儿性别失衡的改善转化到全国的储蓄率上还有一个时间差。这个政策要影响适婚男女青年比例还要等到十几年乃至二十年以后。

需要注意的是，通过提高储蓄率来增加婚恋市场的竞争力是一个零和游戏。也就是说，虽然所有年轻人（和他们的父母）希望通过增加储蓄和减少消费来提高他们结婚的概率，但这样的愿望在总体上是不能实现的，因为整个国家的未婚青年人数最终是由性别比例决定的，而不是由总体储蓄率决定的。因此，性别失衡让经济中有更多的储蓄，人们牺牲了消费，却没有减少社会中无法结婚的人的总数。如果有一个机制让所有家庭都同比例降低为婚恋而提高的储蓄，这可以用于消费，提高幸福感，但不会改变婚姻市场的结果。然而，这样的机制是缺乏的。

认识到性别失衡造成的资源配置扭曲，总储蓄无效上升，那么通过政策干预纠正性别失衡就师出有名。我认为，全面二孩或三孩政策都还不够，完全取消计划生育对性别失衡的纠正也太慢。我的建议是社会考虑专门为女婴的出生提供补贴。这样可以加速转变重男轻女的思想。

家族传承：从创业、守成到再创新高

“富不过三代”不是一个绝对的真理，但反映了一个概率较高的现象。其背后的逻辑是，企业家再聪明、再能干、再充满热情，也不能保证自己的儿女、孙子孙女、曾孙子曾孙女对自己一手创造的企业一定能像自己一样热情挚爱，更不用说一定与自己一样能干能闯，勇于并善于抓住时代赋予的机遇。

企业家能否成功传承、企业能否成为百年不倒的老店，也影响到一国经济的发展态势。要实现持续高质量的经济增长，就要源源不断地出现并存续高效率、高质量的企业。持续繁荣的经济既要给没有资源、没有背景但能符合市场需求的新企业空间，也要有一大批能够成功传承多代的成熟“百年老店”。

2020 年 10 月 20 日，胡润研究院发布了 2020 年“胡润百富榜”，中国上榜企业家的总财富都超过了世界第四大经济体德国一年的 GDP。56 岁的马云家族财富增长 1 250 亿，以 4 000 亿元人民币位列“大中华区”第一。当然，拥有千万或亿元财富的更是企业家队伍的生力军。这些富豪的出现反映了改革开放以来中国的巨大商业机会。这些富豪，尤其是他们创办的企业，有多少在一百多年后还能居于领先地位还是一个未知数。

马云的志向是让阿里巴巴成为活过102岁、也就是起码能历经三个世纪的“百年老店”。而且，他深谙基业长青靠的不是个人英雄主义。为了让阿里巴巴跨过三个世纪，建立制度和文化是重点，要形成有大批人才储备的接班人体系。

当改革开放以来的成功“创一代”纷纷迈入迟暮之年，中国的家族传承正经历着前所未有的考验。因为家族的第一代财富往往来自家族企业，谈及财富传承就不能不涉及企业和企业家精神的传承。

多半的民营企业出生时都是家族企业。许多企业变大甚至上市以后还是由家族控制和管理的。以血缘关系为纽带的家族企业和集团，在整个世界范围内都很普遍，家族企业甚至是经济的中坚力量。据统计，全球GDP的80%以上都是家族企业创造的；而全球500强的家族企业中有超过40%都至少历经三代传承。根据胡润研究院公布的《胡润全球最古老的家族企业榜》，100家长寿企业主要集中在欧洲、美国和日本。最古老的家族企业是日本大阪寺庙建筑企业“金刚组”，已经传了40代，有1 400多年的历史。

和世界上许多“百年老店”相比，改革开放时期诞生的中国家族企业的发展史相对短暂，当然其代际传承经验严重缺乏。麦肯锡2013年发布的研究报告显示，全球家族企业的平均寿命只有

24 年，其中只有约 30%的家族企业可以传到第二代，能够传至第三代的家族企业数量不足总量的 13%，只有 5%的家族企业在第三代以后还能够继续创造价值。

什么样的制度安排能使中国的家族成为“富过三代”的“世家”？家业应该传给谁，血脉还是能臣？如何处置产权和控制权效率最佳？最常见的路径有三条：可以把产权与经营管理权都传给下一代，比如福特汽车；可以只传产权，但把经营管理权交给市场上招来的专业管理人才，比如微软公司；也可以把产权与经济管理权一起卖掉折成现金，比如沃伦・巴菲特的孩子们都没有打算要进入伯克希尔・哈撒维公司的管理层，而巴菲特已经决定把他拥有的公司大多数股权折成慈善捐款。除此之外，原则上还有一条路：可以把经营管理权传下去，但把所有权变卖成现金。这样的例子少一些，但也存在。有些企业家创业后，把公司卖给更大的公司，但自己选择留下来作为大公司所雇的职业经理人继续经营自己创始的那摊业务，因为他们热爱这样的工作，或者是所有权的买方要求他们继续工作下去。有时候，他们的子女继承父业，选择继续做他们也热爱的这份工作，但不需要去承受控股股东需承受的业务风险。

当中国从世界工厂变成世界市场，家业守成能否转化为持续的社会创富？现代的财富管理工具如何为传承赋能？为解答这些难题，我们需要比较分析中外经济社会发展的大环境和企业发展的格局。

从先秦的世袭制开始，受中国传统家文化的影响，“子承父业”成为默认的传承方式，而在家族内选出德才兼备的继承者绝非易事。中外不同的家族企业有不同的探索。一个比较极端的做法是日本家族企业，他们的办法是选婿转为养子，使其改姓入赘，成为新一代掌门人。丰田汽车创始人丰田佐吉去世后，董事长之位便交到了改姓过继之后的女婿丰田利三郎（原姓儿玉）手上，此后经过两代外姓社长，由侄子丰田英二接管；又如松下电器的松下幸之助将会长权力传给婿养子松下正治（原姓平田），铃木汽车的铃木俊三把公司交给婿养子铃木修（原姓松田）等。这样的做法有两大好处：第一，亲生子女成才与否无法决定，而女婿却可以由自己精心挑选；第二，这一方式也能避免企业主的亲生子女坐享其成的“道德风险”。

而实际上，依靠血亲关系维系的信任也折射出契约精神的缺失。我们已经目睹了牢牢握住企业所有权和经营权的家族企业，在风险临头时候猝不及防的例子。一些“创二代”“富二代”没有接班的意愿，或是个人能力不堪担负重任。他们中有的人仓促上任，公司局势急转直下；有的人挥霍无度，最终山穷水尽。这样的焦虑，使得褚时健这样的企业家们哪怕工作到耄耋之年，也要手握大权，不轻易把权杖交到子女手中。

限于目前中国职业经理人市场不够成熟，任命职业经理人与家族继承者各有利弊。“去家族化”的企业，如果对职业经理人选择失误和监管不当，也可能招致“引狼入室”的梦魇——团队核心成员流失，甚至家族企业拱手让人。

要顺利实现家族财富的保值增值和代际传承，就应当避免各类家庭生活和企业经营中的风险。在成熟市场，家族信托、家族保险、理财工具、家族教育和家族慈善等构成了系统性的家族财富管理工具，包括日益发展的金融科技正在为家族传承赋能。特别是通过家族信托的法律关系，家族财产不会因为家庭成员的个人能力、债务、婚姻、刑事追索或者死亡等被消耗一空，最大限度地做到了家族财富的隔离保全和代际传承。

资产的保护和传承并不单纯是对财富的占有。在家族企业公司化和法人治理结构完善的同时，可以委任专业人才帮助家族企业突破发展瓶颈，也可以通过公开发行股票和债券，将企业产权落实到投资者个人，使家族企业走向公众化、社会化。

同样，家族企业本身的转型发展不但受到经济发展状况和监管环境的影响，也是对企业家和继承者创新能力的考验。改制与转型并不是国有企业专属的任务，家族企业应不断适应国家比较优势的变化，调整企业的愿景和使命，在国际化的发展中开疆拓土。正如IBM创立时的最初业务为商业打字机、文字处理机，在百年的时代变迁中，它先后成了计算机生产和服务商、咨询行业巨头，再到如今的认知解决方案和云平台公司。

回归传承的本源，财富是对未来家族能力的储备，有超越数字的意义。物质财富容易传承，但创富的软实力和家族精神无法物理性传承。如果那些无法带走的财富终将归还给社会，在兼顾亲情、权衡经商兴业的利益之时，就应更多地造福社会、反哺社会。

“江山代有才人出，各领风骚数百年。”所有权的“风骚”与经营管理权的“风骚”不一定非要捆绑在一起。

愿更多的中国家族在传承、创新、超越中取得成功。

用技术加激情填平教育鸿沟

中国的劳动年龄人口自2013年起持续负增长，给总体经济增速加了一股下滑的压力。能够部分对冲增长下滑压力的举措有二：一是提高全要素生产率；二是提高劳动力质量，这两项举措成功与否关系到中国能否顺利迈入高收入阶段。而要提高劳动力质量，除了需要不断提高大中城市的初等、中等和高等教育包括职业教育的质量，还需要想办法提高众多农村与小城镇教育的质量。

两千三百多年前的希腊哲学家第欧根尼已经认识到：“对年轻人的教育是一个国家的根基。”中国的先贤孔夫子不仅论述了教育的重要性，而且身体力行地推动教育。他的“格物、致知、诚意、正心、修身、齐家、治国、平天下”不仅是对历代学生的勉励，也是对教育工作者的方向性指导。千百年来，贫寒子弟如果有良好教育机会，就能够成为社会栋梁。可惜在亚洲，直到一百多年前，接受好的教育也一直是社会中少数人的特权，而90%以上的人是无法接触到良好教育的。即便孔子本人相信“有教无类”，也就是说他不排斥普及教育，甚至可能有实行平民教育的激情，但受制于当时的社会环境和技术手段，按今天的标准看，孔先生收的学生少得可怜。

中华人民共和国成立以来，普及性教育获得了长足发展，但与教育资源的分配与教育机会公平的愿景还有距离。根据教育部发布的《2019年全国教育经费执行情况统计快报》统计，2019年，全国教育经费总投入逾5万亿元，比上年增长8.74%。政府对教育投入占GDP（即99万亿元）比重达4.04%。在世界有可比数据的190个国家和地区中，4.04%这个数字居第110位。

诚然，以我国目前的财力，财政性教育经费支出能够连续8年保持在GDP的4%以上已属不易。与此同时，近年来我国各阶段教育经费投入同比增长，尤其在学前教育领域增幅最大，而资金的落地和成效还不尽如人意。

改革开放四十多年来，中国在教育上的一大成就是基本普及了九年义务教育。在“量”的基础上，中国政府对义务教育提出了“质”的要求，将“均衡优质发展”作为下一个历史任务。在中国人才战略转型的节点上，着眼于“质变”，义务教育亟待一次深刻的变革。

近年来，在政策、技术与市场的共同推进下，中国在线教育蓬勃发展，互联网流量巨头纷纷做起教育，并开创性地实践了打通线上、线下教育资源的新模式。随着大数据、物联网、AR/VR 等新技术层出不穷，传统课堂自理念到过程历经颠覆和嬗变。从 MOOC、SPOC 到翻转课堂，新技术赋能新模式的探索，并重构教育体验与教学思维。比如，友成基金就致力于用互联网技术缩短农村与大城市的教育差距，是公益组织推广教育变革的又一典范。

但是，技术革新并不直接带来教育现代化，教育本身的内在逻辑远比技术复杂。《中国教育现代化 2035》提出的战略举措之一，是推进教育治理体系和治理能力现代化，建立多元参与的协同治理新机制。中国要发展教育事业仍需不忘“初心”，从“人”出发，遵循人本教育的规律。缺少理念、制度上的原生性变革，新技术和现代化装备之于教育现代化只是隔靴搔痒，治标不治本。

知识鸿沟、技术鸿沟、产业鸿沟，很大程度上源于教育鸿沟。进入互联网时代，数字化浪潮同样席卷了传统课堂。新科技也许能使教育更公平，但也可能使之更不公平。借助互联网和新科技填平教育鸿沟，就需要一场从理念、内容、形式到社会组织的变革，需要在资源分配上向教育贫困地区倾斜。

中国 3~6 岁的儿童有近 50%生活在农村。尽管国家对学前教育的投入不断加大，就农村及其他教育欠普及地区来说，学前教育仍需填补许多空白。我国有 12 余万所规模不足 100 人的学校，占农村教学点总数的44.7%。除了生源不足，农村教育苦于资金匮乏、师资短缺、升学率低等问题，在教育现代化进程的尾端匍匐前行。

中国发展研究基金会等教育及公益机构都在因地制宜地摸索新方法，成果喜人。社会公益力量虽然积极参与，但与庞大的需求相比，资金和人力仍然捉襟见肘，资源错配等问题使得教育普及裹足不前。或许要在“自上而下”的现行方式以外，引入新的管理模式、新的合作伙伴，整合多边资源，尝试自下而上的原生性组织和变革，才能拓宽社会的教育视野，打开发展契机。而这一系列问题的落脚点，在于明确权责：教育变革和创新由谁来规划、谁来实施、谁来监督和管理？

因此，教育改革不是一次单枪匹马的突围，而是一个基于多边“权益”的系列工程。家庭、企业、教育行业等社会各部分都持有“股份”，为国家的人才储备共担责任。我们需要用爱与热情促进教育公平，而它们不单来自社会公益。社会公平在急速发展的当今世界具有十分重要的现实意义，不仅在物理空间，更是在心理、精神层面起着稳定、提升的作用。而以人为本的教育是从源头上保障社会公平、可持续发展的基石。

随着5G时代来临，人工智能、大数据等技术升级将进一步整合社会资源，推动社会公平。在可预见的未来，在线教育将和传统课堂共同探索以人为本的教育，为教育事业开辟更大的发展空间。

在线基金投资更容易过度交易吗

——利益冲突和行为偏差

在中国，金融科技平台用于财富管理现在越来越受到欢迎。特别是从2013年开始出现了比较大的平台，如天天基金网、蚂蚁财富等，它们可以提供各种各样投资公募基金的机会。金融科技平台的交易成本较低、选择更多、投资便捷，使得公募基金买卖可以自由地通过手机来操作，这在中国目前很常见。在投资者完全理性、没有市场失灵的状况下，减少交易成本肯定会提升社会福利。

但在实际经济中，人们不总是完全理性的，而是会有各种行为偏差（behavioral bias）。所以我们需要问的问题是金融科技是否会强化行为的偏差？在什么情况下，放大行为偏差的负面效应会大于降低交易成本带来的正面效应？人们从在传统银行买卖证券（包括公募基金产品），到逐渐更多地在金融科技平台线上交易，有些人在金融科技平台买卖之后更加有自信，他们很可能高估自己判断市场走势的能力，也觉得平台让他对交易过程的掌控能力变强，从而导致过度交易，最后结果回报没有想象的高。目前已有研究发现线上财富管理可能会导致过度自信，过度自信会导致过度交易。

在金融科技平台出现之前，公募基金产品的买卖，主要通过银行发生。银行代销基金产品可能存在利益冲突，从而会减少投资者（储蓄户）的福利。而从传统平台到新的金融科技平台做基金投资，利益冲突有可能会减少。这样行为偏差放大与利益冲突减少两者之间存在抵消效应。研究这个问题需要做定量的分析，不能直接假设金融科技一定会提升或降低社会福利，必须确定它的净效应到底是怎么样的，杨春柳老师与我就此问题做了一个实证研究。

过去90%的居民通过银行买卖公募基金，今天随着金融科技平台的崛起，这个比例下降到50%~60%左右。实际上，无论是申购还是赎回公募基金都有佣金，这是银行收入的重要来源。如果用户过度频繁地交易，佣金都属于银行，因此银行很可能希望用户多申购、多赎回。我们的研究表明，银行理财经理的确有很强的动机来鼓励投资者频繁地买卖公募基金，尤其是女性投资者。这里就涉及了利益冲突。

按照交易的费用来排名四种中国居民买卖公募基金的渠道，通过银行购买最贵，通过公募基金的网站或者金融科技的平台购买最便宜。银行在掌握客户方面有明显优势，即使在今天，银行虽然交易成本比较高，但是大多数人还是通过银行来买卖公募基金产品。我们依据中国某一大型公募基金公司的账户水平交易信息，得到进行了10%随机样本，记录这些投资者的交易行为。据此我们计算每一个投资者的交易换手率和回报率。

我们得到的结论是，通过银行或金融科技平台做交易对投资者的影响会因投资者而异。平均而言，男性投资者在金融科技平台上更加频繁地交易，平台提高了他们的换手率。实际上，扣除了所有佣金后，和从银行购买相比，他们平均在金融科技平台购买的回报降低了。而女性投资者在银行受投资经理利益冲突的影响较大，金融科技平台上的交易频率降低，最终扣掉交易费用后的回报率反而提高。

总的结论是，在传统的非金融科技平台交易，利益冲突会导致福利下降；在金融科技平台交易，会产生行为偏差导致投资过度频繁，这两者间存在取舍，对不同投资者群体达到的净效应不尽相同。如果一个典型的男性在银行交易，存在利益冲突，理财经理通过给投资者发短信等方式，鼓励他们更频繁地交易。男性通常比较自信，不乐于听别人的指挥和安排。而女性的投资者倾听习惯更强，更容易受到理财经理的影响。也就是说，我们不能笼统地说金融科技平台理财是好是坏，金融科技实际上对不同群体产生不同的效应。

我们用不同投资产品做对比。这里要特别提到的是货币市场基金，这类基金没有申购和赎回费用，从而不存在销售平台和投资者的利益冲突，银行没有必要来鼓励居民更频繁地交易货币基金。我们发现对于这类基金产品，投资者在银行与在金融科技平台的交易行为就没有显著区别。这反过来表明，投资者在权益产品上不同平台之间的行为区别与银行的利益冲突有关。

因此，对于金融科技财富管理平台对投资者福利的效应，我们不应该笼统地得出一个是好是坏的简单结论。我们要更多地关注它的异质性，在财富管理领域，金融机构可以帮助减少传统平台所固有的利益冲突，但同时也可能强化人们的行为偏差，这对不同投资者主体比如不同性别的投资者就可能有不同的作用。在金融科技如何影响不同的消费者、不同的投资者、不同的企业问题上会有许多异质性效应，我们还需要有更多更加深入的系统性研究。

量化历史重构现代金融研究

一场新知识革命正在西方悄然兴起，中国学术界可能要“缺席”了。

20 世纪 70 年代，特别是 80 年代初期计算机出现后，计算机容量不断增加，普及度显著上升，使基于海量历史资料的研究变得可行；但在 70 年代到 80 年代的时间段中，这些潜力对历史研究的影响有限，因为历史档案的电子化与数据库化直到 90 年代才开始；2000 年后，不同类别的历史数据库陆续出现，并逐步形成规模，而那时兴起的互联网热度，又把零散的历史资料库方便地连在一起，开启了“历史大数据”时代。

时至今日，无论是历史学、经济学，还是政治学、社会学界，都出现了基于各国历史的量化研究，所研究的历史长度、广度与深度都发生了质的跳跃，这些量化研究快速拓展了我们对人类过去与今天的认知。

然而，在过去多年里，历史学界受过量化方法训练的人很少，学过经济学、政治学等社会科学的人也不多；而经济学、政治学研究领域内，了解历史的学者也少得可怜。所以，在过去二十来年里，国内历史学与社会科学的交互研究很少，导致国内学界基本上错过了由“历史大数据”带来的这场新知识革命。

香港大学冯氏讲席教授、耶鲁大学前金融学教授陈志武在国内最早提出了量化历史研究的概念，并在2013年，与清华大学龙登高、伦敦经济学院马德斌、香港科技大学龚启圣等教授一起举办了第一届量化历史讲习班。

有鉴于此，笔者与陈志武教授就量化历史研究对历史学假说的检验、对现代经济学逻辑和金融学发展的社会意义以及对宏观经济政策制定的借鉴作用进行了深入且透彻的探讨。

量化历史不仅仅是“用数据说话”

魏尚进：量化历史研究不只是用数据说话，也不只是统计检验以前历史学家提出的假说，这种新方法是否也可以带来以前想不到的新认知？对我们思考今天的改革开放有什么现实意义？

陈志武：量化历史方法并不是要取代传统历史研究方法，而是对后者的一种补充，是把科学研究方法的全过程带入历史领域。我们必须看到，20 世纪 80 年代之前计算机没有普及，更没有互联网，那时整理历史大数据很难，做统计回归分析并检验假说也很难。

当时最大的问题是没有计算工具，或者说所需要的统计方法超过了当时具备的数据处理能力。一般来说，20 多个观察变量就已经很难做回归分析了；如果观察变量超过 30 个，就基本无法进行手动计算。但是，现在没有这些问题了。

魏尚进：这让我想到了一个小插曲，是关于小样本的量化历史研究。诺贝尔经济学奖获得者、芝加哥大学教授米尔顿·弗里德曼提出了现代货币数量论，即通货膨胀起源于“太多的货币追逐太少的商品”。政府可以通过控制货币增长来遏制通胀。《政治经济学杂志》发表的一篇小样本量化研究的论文指出，中国是最早发明纸币的国家，同时也是最早发生通货膨胀的国家，并试图通过对纸币发行数量和通货膨胀的关系数据的举证，得出两者正相关的结论。历史上的数据非常少（仅十个左右），但这依然能证明米尔顿·弗里德曼的理论是正确的。

陈志武：起初，历史研究中的“量化方法”很简单，差不多就是“用数据说话”，加上图表和一些普通的统计指标，比如均值、方差和相关系数。由于经济研究比任何其他学科都更依赖数据，所以经济史最早引进量化方法。美国经济史学会于 1940 年成立，标志着经济史从其他学科独立出来。但由于当时大多数经济史学家出身于历史学，他们对经济学和数理统计方法感到陌生，加之经济学本身也尚不成熟，经济史著作自然偏重史料考证与叙述，偏重靠直觉猜想历史事件之间的因果关系，更多地停留在定性分析，不在意收集大样本数据来对因果关系假说做统计检验。

与一般科学研究方法一样，历史研究也应该分五步：第一步提出问题或假说；第二步，为证明假说收集数据，既可以是历史数据、历史样本，也可以通过实验收集数据；第三步是做统计分析，检验假说是否能够得到历史数据的支持，不能仅停留在相关性分析的程度，而要识别因果关系是否成立；第四步就是对统计分析结果做解释；第五步是写研究报告。传统的史学研究往往只做到了第一和第二步，但在第三、第四步上有所欠缺，而量化历史方法就是要通过收集大样本的方法把第三、第四步做实。量化方法不是取代传统历史研究方法，而更多的是一种补充，使历史研究尽可能完整，克服个案历史研究带来的局限性。

1957 年是一个重要转折点。哈佛大学两位经济学教授——迈耶（John R. Meyer）和康拉德（Harold Conrad）提出，经济学应该是一门用以解释历史过程的科学，尤其是历史学中的因果假说是可以证明或证伪的——通过收集历史事件的资料数据，做统计推理，就能证实或证伪哪怕是定性的历史假说。也就是，量化历史研究不应该停留在简单的“用数字说话”，而是基于历史数据和理论框架检验关于历史的假说。

以香港科技大学教授龚启圣等人的一份研究为例，他们的核心问题是如何测度儒家文化的影响并评估其实际贡献。学术领域鲜有对这些问题的量化答案，原因当然是文化很难量化。龚启圣等人尝试用各县文庙或孔庙与烈女数量等间接指标来测度儒家文化的影响强弱程度。研究人员通过研究1644—1910年间山东107个县的农民暴动情况，观察儒家文化是否会显著降低各地遭遇灾荒冲击时农民暴动的冲动。通过检索《清实录》历史档案，他们发现在排除各种其他因素的影响之后（包括每个县的收入水平、起初发达程度、教育水平、社会流动性等），受儒家文化影响越深的县（即孔庙数量或烈女数量越多的县），即使遭遇灾荒冲击（通过粮价高低测度灾荒严重度），其在清代农民暴动的频率也更低。其背后的机理在于：受儒家文化影响深的地区，家族宗族网络越强，在面对灾荒冲击时宗族内部互通互助的程度就越高，亦即隐性互相保险的程度就越强；这就减少了灾荒迫使农民走投无路的可能性和求助于暴力的必要性。在缺乏保险市场等金融产品的社会里，儒家文化可以通过上述方式促进社会稳定。

20世纪50年代以及之后的几十年里，诺斯、麦迪森、西波拉等历史学家，以及中国史学界的吴承明、何炳棣、赵冈、郭松义、李伯仲等，都是量化历史方面的开拓者。他们通过收集资料、量化各种指标，然后计算相关系数或者通过画图展示数据相关性，相对于早期的定性研究而言，这已经算是非常量化的研究。当然，我们知道相关性不等于因果关系，完全的量化研究必须做更多分析，需要对因果关系进行统计检测。

但也正因为以上原因，许多历史学者就说："量化史学只是把历史学家已经知道的结论用数据再说一遍！"这是一个普遍的误解。统计检验的价值之一是让我们在针对同一历史现象的多种假说中排除一些假说、支持一个或几个其他假说，而如果没有量化检验的方法就很难做到这一点。

因此，量化历史方法不仅仅是"用数据说话"，而是提供一个系统研究手段，让我们能同时把多个假说放在同一个统计回归分析里，看哪个解释变量、哪个假说最后能胜出。相比之下，如果只是基于定性讨论，这些不同假说可能听起来都有道理，无法否定哪一个，使历史认知难以进步。

量化历史研究还原财富差距的真相

魏尚进：量化历史研究对当前的经济政策有什么意义？能不能给我们一个具体的案例？

陈志武：量化历史研究不只是帮助证明、证伪历史学者过去提出的假说，也将带来对历史的全新认识，引出新的研究话题、提供新的视角。我们不妨以量化历史研究来理解人类社会发展方向，从而分析当今财富差距大和收入差距大等经济问题。

人际财富差距、地位差距、权利差距等一直是学者和社会人士关注的话题。早在春秋战国时期，孔子在《论语·季民》中就说："闻有国有家者，不患寡而患不均，不患贫而患不安。盖均无贫，和无寡，安无倾。"意思是，治国者不必担心财富不多，但需关注财富分配不均；不必担心人少，但需防患社会不安；一旦财富分配均平，便无所谓贫穷；一旦人民和睦相处，便不要在乎人少；只要社会安宁，亡国的风险就不存在。

在西方，类似论述也不少。17 世纪初莎士比亚戏剧《李尔王》中有一段台词："从享用过度的人手里夺下一点来分给穷人，让每一个人都得到他所应得的一份吧。""啊，我一向太没有想到这种事情！安享荣华富贵的人们啊，袒露着身体到外面来体味一下穷人所忍受的痛苦吧，分一些你们享用不了的福泽给他们，让上天知道你们不是全无心肝的人！"

财富与贫困的共存是自古以来东西方哲人都关注的话题。既然如此，从孔子时期至今，财富差距到底经历了多大变化，是拉近还是扩大了？2017 年 12 月 *Nature* 杂志发表了一份由 Kohler 等 18 位教授完成的大规模考古研究"Greater post-Neolithic wealth disparities in Eurasia than in North America and Mesoamerica"，阐述原始社会逐步进化到半农业、再到全农业以及其他类别社会的过程中，财富差距是如何变迁的。之所以有 18 位作者，是因为他们的数据来自世界各大洲的 63 个考古遗址，这种研究是单个或几个作者无法完成的，研究所涉及的数据库整合工作也直到最近十几年才能够实现。他们用每户人家房屋大小的基尼系数度量出一个社会的财富差距，因为相对于收入以及其他财富指标，房屋大小是考古学家可以看到、方便客观度量的指标，同时房屋大小也可以被理解为家庭方方面面财富的总体代理指数。

在他们取样的考古遗址样本中，亚洲、欧洲与非洲大陆的遗址来自 1.1 万年到 2 000 年之前的各类社会，而美洲大陆的取样则反映 3 000 年到 300 年以前的社会。由于以前关于人类不平等的量化指标基本以收入为基础，所以以往对不平等程度的估算多以近代为主，比如皮凯蒂《21 世纪资本论》研究的是 18 世纪工业革命以来的收入差距、财富差距变迁的情况。而这 18 位学者由于是基于房屋面积估算财富分配结构，他们所研究的时间跨度以 1.1 万年以前为起点。

图 6－1 给出了他们的估算。狩猎采集原始社会的房屋面积基尼系数为 0.17（基于原始社会遗址估算的中位数），到半农业社会为 0.27，到农耕社会则上升为 0.35。这充分说明，人类生产与生存技术的每次飞跃都带来财富差距的显著扩大。尤其是这些作者也注意到，在今天美国类似的财富基尼指数为 0.80，等等。因此，人类进步似乎毋庸置疑地带来财富差距的扩大。

历史上，技术发展和社会组织复杂化会导致财富不平等的加剧，这个结论听起来很悲观。那么，当下的大数据和人工智能热潮是否会改变过去一万多年的规律，不再使财富分配状况恶化呢？

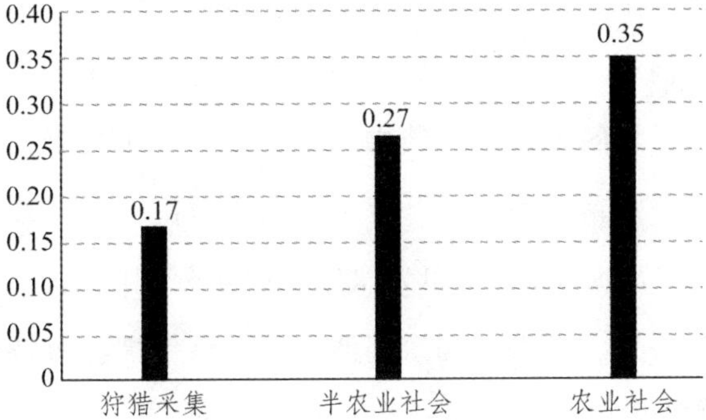

(a)

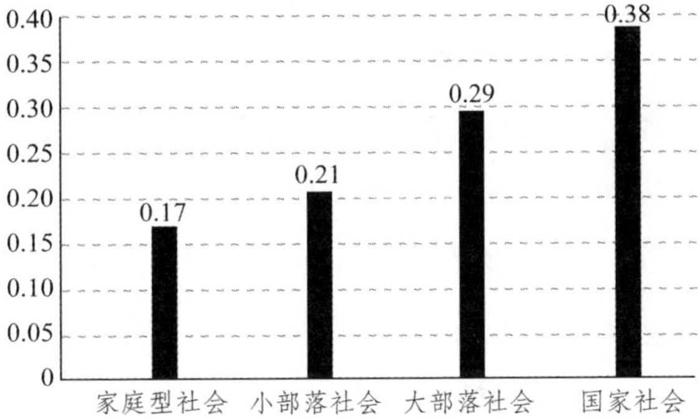

(b)

注：这是基于 Kohler 等（2017）Figure 2 中的房屋面积基尼系数制作的图。（a）图反映的是狩猎采集原始社会（5 个考古遗址）、半农业社会（20 个）、农业社会（38 个）的房屋面积基尼系数中位数。（b）图反映的是不同社会组织形态下的财富基尼系数中位数，包括家庭型社会（1 个，只有单个家庭，没有之上的社会组织）、小部落社会（12 个，家庭之上的社会组织存在）、大部落社会（33 个，社会组织等级多、阶级多于两个）、国家社会（17 个，垄断暴力的国家组织出现）。

图 6－1　财富基尼系数与生产方式、社会组织形态的关系

对此，量化历史研究文献也有回答。

斯坦福大学历史学教授 Walter Scheidel 于 2017 年出版的专著甚为系统。他综合了大量近年针对古埃及、罗马帝国、中世纪欧洲以及近代世界的量化研究结果发现，在人类历史上，和平稳定时期都伴随着财富差距扩大，真正能造成财富差距持续下降的有四大驱动力，Scheidel 称它们为“压平财富分配的四骑士”，亦即大规模战争、重大革命、国家崩溃、大型瘟疫！显而易见的是战争、颠覆性革命和国家崩溃都含有暴力因素，压平财富差距的前三“骑士”都是重大暴力事件，因此可以说，暴力和瘟疫才是真正能持续调整财富分配的要素。例如，1650 年至今，美国只有四次财富差距缩小，而每次财富差距缩小都是战争所致：1776 年后的独立战争、1861—1865 年的南北战争、1914—1918 年的第一次世界大战、1939—1945 年的第二次世界大战，其中从二战开始到冷战结束的近四十年里美国收入差距缩小所持续的时间最长；而与之相反的是，和平时期财富差距与收入差距都持续上升。

魏尚进：我们不希望看到暴力革命、战争或瘟疫，但在技术创新只会继续推进、人类社会组织方式只会越来越复杂化的预期下，财富差距、收入差距看来可能只会继续加大。那么我们的出路在哪里呢？

陈志武：经济学将经济不平等分为三类，财富分配、收入分配和消费分配结构的不平等。在原始社会时期，这三种分配结构基本一致、相互距离不远，因为那时每人的狩猎采集剩余不多、财富积累极少，土地不是资产、房屋没有或不多，因此收入就是财富、也是消费。可是，进入定居农耕后，不仅土地和房屋等财富载体出现了，而且其他价值储存手段也陆续被发明出来，收藏品、象征权力与地位的装饰品也随之出现，不同人的财富水平就区分开来，财富分配与收入分配结构不断分离；收入既有劳动收入，也有资产性收入，而且部分收入用于消费，其他用于财富积累；于是，人与人之间的财富分配、收入分配和消费分配就成为三种不同的存在。

到工业社会时期，权力、地位与身份符号更大，作为财富载体的奢侈品更加多样化，财富的种类与数量级进一步扩大，资产性收入的占比达到新高。到今天的互联网时代，不仅资产盈利方式发生变革，而且对未来收入提前做变现的资本市场工具也更丰富发达，虽然劳动收入与消费都因互联网增长了，但财富数量级的变化远超劳动收入与消费的增长。于是，出现了个人身价高达上千亿的现象，财富差距水平之大达到了前所未有的水平。

但是，毕竟亿万富豪也是一天三餐，私有汽车、房产、衣服再多再好，每时每刻也只能坐一辆车、住一栋房、穿一套衣服，所以财富分配甚至收入分配结构可以离谱，但不一定是问题的关键，更为关键的是消费分配。因为不管是经济学理论还是现实中，人的幸福或说效用直接取决于消费水平，而非货币收入和财富本身。俗话说“财富生不带来，死不带去”，财产超过一定水平后实际都是社会的财富，给社会提供就业和带来价值。对于社会来说，只要每个人都有基本消费能力、过上体面生活，财富差距本身不一定是核心问题，也不一定威胁社会稳定。一般而言，财富差距都远大于收入差距，而收入差距又大于消费差距。

在古代农耕社会，财富分配、收入分配和消费分配结构还没出现足够的分离，所以古代哲人难以将三者做区分。2013 年芝加哥大学两位教授 Meyer 和 Sullivan 发表一篇研究论文，发现从 2000 年到 2011 年年底，美国收入最高的 10%的群体与最低的 10%群体的收入比累计增加了 19%，前者的收入原来是后者的 5.3 倍，最近上升到 6.4 倍，也就是收入差距扩大了近五分之一；可是，收入最高 10%群体与最低 10%群体的消费比同期间却下降了，2000 年时前者的消费为后者的 4.2 倍，最近下降到 3.9 倍。在经历了 2008 年的金融危机之后又如何呢？从 2007 年年底到 2011 年的四年危机高峰期，收入最高 10%与最低 10%群体的收入比从 5.8 倍上升到 6.3 倍，收入差距恶化，而两者的消费比却从 4.3 倍降到 3.9 倍。这表明相对于金融危机之前，美国富人和穷人的消费都因危机有所下降，但富人的下降幅度更大。

之所以消费分配结构比收入分配、财富分配更扁平，除了人的“一天只有三顿饭”等生存需求上限外，还由于人类发展出了很多摊平消费的手段。也就是说，如果每个家庭受到的收入冲击都能通过保险、信贷、亲友和政府福利得到缓和，那么收入的上下波动就不会带来消费波动。结果是财富差距、收入差距的恶化并不总是转换为消费差距的恶化，消费可以保持平稳，因而守住消费差距是关键。

普林斯顿大学政治学教授 Carles Boix 以及耶鲁大学政治学教授 Frances Rosenbluth 在 2014 年发表的研究中，从身高差距判断人类不同阶段的消费差距。由于过去不同时期个人的消费数据难以找到，只好找消费的代理变量。人的身高主要取决于两大类因素，一是人种与遗传基因，二是成年之前的营养水平，而营养水平又取决于家庭经济条件亦即消费能力。

因此，身高差距可以被看成消费差距的代理指标，其变迁反映人类历史中消费不平等的历程。Boix 和 Rosenbluth（2014）统计了大量考古证据和历史记录；对 18 世纪之前的社会，主要根据出土的人骨推算身高；对 18 世纪以来的欧洲社会，则根据征兵时测量记录或者研究者实际测量的身高；然后，针对具体时期的具体社会，计算出当地人的身高方差系数（coefficient of variation，亦即，不同人身高的均方差除以平均身高）——系数越高，这个社会的消费差距越大。采用身高方差系数的最大好处是消除了平均身高的影响，也就是该指标不受不同社会平均身高各异的人种因素影响，因此可以用来作跨社会、跨时期的比较。

总体而言，虽然原始社会的房屋面积基尼系数为 0.17，到半农业社会为 0.27，农耕社会 0.35，到当代美国的 0.80、中国的 0.73，人类进步毋庸置疑地带来财富差距的扩大，可是由身高差距反映的穷人与富人间的消费差距并没有经历类似的恶化。由此，Boix 和 Rosenbluth（2014）的长历史量化研究基本印证了 Meyer 和 Sullivan（2013）基于 2000 年以来美国数据得到的结论，也就是财富差距与收入差距的恶化并不必然意味着消费差距的恶化，而消费差距恰恰是我们更应该关注的。

量化历史研究有助于了解金融政策导向

魏尚进：您除了做量化历史研究之外，也是一位知名的金融学专家，那么在您看来，量化历史研究对于我们的金融业发展和金融制度改革有些什么样的启示？

陈志武：关于这个问题，我确实做过一些研究。比如，关于传统中国社会的高利贷，解释就很多。既有剥削论，也有道义经济论、市场供需关系论的解释等。那么，到底哪一种假说更接近真实呢？

我们利用清代1732—1895年间刑科题本中近5 000命案记录，对民间借贷双方的关系进行了定量分析。在借贷纠纷引发的命案中，一旦借贷利率高于零，被打死方为贷方的概率为60%，而且利率越高，被打死的是贷方的可能性也随之增加，这说明一旦发生债务违约，贷方面对包括生命风险在内的违约成本是不对称地更高。这一发现与传统“高利贷剥削”论和放贷者“超经济强制”论的推断相反，但道义经济论可能最接近历史真实，因为在借贷命案大样本中，如果借贷是无息，被打死的一方更可能是借方，但借贷利率越高，被打死的一方越可能是贷方。而之所以是这样，一个重要原因还是在于哪一方占据了“道义制高点”，在于“哪一方理亏”。

对于很多人来说，金融似乎太高大上，是一个搞不懂的谜。而对于其他人来说，金融只是一门钱的生意，所以是一个很现实、低俗的事，就像孔子在《论语》中说，“君子义以为上”，“君子义以为质”，也就是君子立身行事应以道义为本，道义价值重于物质利益，不要动不动就谈钱。

其实，在金融市场出现之前，人类做了很多文化和社会组织创新，目的都是解决跨期承诺的挑战，提升人与人之间跨期交换的安全度。比如，“养子防老”就是一种金融安排，让儿子作为父母防患未然与养老保障的载体，儿子小时父母在其身上投资、供他读书，等儿子长大了必须回报父母。所以父母与儿子之间在做跨期交换。虽然我们不用金融的术语来表述这种传统的人格化安排，但其功用实效与金融产品一样。

可是，这种养子防老安排是否靠得住呢？这就需要孝道等“三纲五常”道德伦理去约束每个儿子的行为，保证他不会“跑路”逃债，这就是为什么儒家对“不孝”历来就是“零容忍”。

因此，传统习俗、迷信、宗教，包括爱情、婚姻、家庭、礼尚往来以及儒家、基督教等文化的背后，其实含有丰富的金融逻辑。也就是说，许多文化的内涵实际上是因为金融市场缺失而产生的，是为了解决本来应该由金融市场解决的一些问题而来的。当然，这也意味着，一旦金融市场发达了，许多传统文化内涵就会变得多余，就需要改变。

比如，我们在对18世纪和19世纪的妻妾买卖数据库做量化研究后发现，之所以在封建时期的中国和英国，或现在的非洲和印度一些地方，买卖妻妾的行为比较普遍，原因是没有规避风险的金融工具，包括发达的借贷机制等。我们采集的3 000个交易数据显示，一旦碰到灾荒、饥荒，很多人活不下去，就会通过买卖妻妾维持生计，这时候妻妾的价格往往会下跌。那么是否会出现买卖丈夫的可能？数据发现，买卖丈夫的交易成本要远远高于买卖妻妾的价格，且交易不确定性太高。

再比如，在印度父母喜欢把女儿嫁到很远的地方，如果一个家庭有4个女儿，可能会被嫁到4个地方。我们通过对印度农村数据的分析得出结论，印度父母之所以这么做，是为了分散风险，这是典型的跨地区降低自然灾害风险。这种现象在现代保险业出现之后就解决了。人们可以通过保险公司跨地区地规避气候风险。

魏尚进：这些案例对于中国金融业改革开放有哪些具体的指导意见？

陈志武：如上所述，金融领域的量化研究，本身就是基于对现有数据和历史数据的分析，肯定有助于我们理解金融政策的制定，进而推动金融政策的实施，同时也会帮助市场了解金融政策的导向。

但是，我认为中国金融业进一步深化改革开放的关键在于保持监管的独立性。最近这些年，尤其是2008年金融危机以后，

“金融服务实体经济”突然就成为一种时髦的提法。但是理性地分析，中国金融业的问题是金融管制太多，金融业发展受到了太多抑制。相对于其他行业，比如制造业等行业具备的资源、政策扶持，金融业实际上处于一种供不应求的状态，并非是制造业的产能过剩的状态。因此，我们需要进一步鼓励金融业的改革和发展，而不是一味地提脱实向虚。

魏尚进：那么，到底要不要金融监管？如何监管？哪些方面需要监管？哪些方面应该放开？

陈志武：当然，金融监管是不可忽视的。但是，我们面临的问题是该管的没有管起来，不该管的又设置了太多障碍。比如，A股市场的信息披露和退市制度，股价操纵问题，这些都是监管该管的。监管部门需要组织更多专业的培训和学习，懂得如何按照专业的、职业的标准进行监管，而不是受到一些非专业、非职业因素的影响。

要不要开征托宾税

托宾税是通过对金融交易征税来调节金融交易总量的税种，目的是降低过量金融交易可能带来的风险。人们通常认为托宾税针对外汇交易，但是广义的托宾税也可以被理解为金融交易税。

托宾税支持者的逻辑是，金融交易里有很多市场参与者，他们做交易并不根据基本面或不懂什么是基本面，或缺乏财务和金融知识，不知道怎么分析基本面，因而交易行为更多属投机性的。这类行为会造成资产价格不必要的波动。这个时候通过征税提高交易成本，可以减少此类不必要且无益的交易，并不会对实体经济造成负面影响。

反对者则认为，托宾税可能产生适得其反的作用。因为虽然金融交易里有些人不根据基本面交易，但是还有一部分人是根据基本面交易的，他们知道什么是基本面，会进行必要的分析。如果这类市场参与者占市场交易主体的多数，征收托宾税对此类人的打击可能大于对前一类人的打击，这会使金融市场更加缺乏有效性，市场波动反而会增加。

从理论上来说，这两种情况都存在。我和邓永恒、刘欣老师做过一项研究[1]，研究对象为同时在中国内地股市和香港股市上市的公司股票，并将两者作为对照组。我们发现，征收托宾税的效果不能一概而论，要根据金融市场的特征和具体情况来具体分析。

很多国家的股票市场，在发展早期都是散户投资者主导的，这样的市场中不根据基本面做纯投机性交易的投资者居多。此时

---

[1] Yongheng Deng, Xin Liu, and Shang-Jin Wei, 2018, "One Fundamental and Two Taxes: When Does a Tobin Tax Reduce Financial Price Volatility?" *Journal of Financial Economics*, https://www.sciencedirect.com/science/article/abs/pii/S0304405X18301089.

适合征收托宾税，更高的交易成本会减少股票市场的波动性。当市场逐渐成熟，机构投资者成为市场主体，市场参与者已经对基本面非常了解，做交易主要基于对基本面的有效判断，此时征收托宾税，可能会同时打击根据基本面做交易的投资者和基于“噪音”做交易的投资者的投资行为，从而妨碍市场对基本面及其他信息的及时反应，更高的交易成本会提高而非降低市场波动性。

此外，我们还发现，在中国市场中，印花税税率水平和股市价格波动性存在显著负相关关系。印花税税率水平上升时，股市波动性下降。不过，这一相关关系忽略了其他一些变量，包括当机构投资者开始主导投资者池时，这一关系正好反转。

那么，应不应该对外汇市场征收托宾税呢？这需要研究。首先要仔细分析外汇市场参与主体的构成和行为，到底是哪种交易类型的交易者占主导地位。

其次，要看托宾税的征收方式和范围是否会造成金融交易分流，或离开本国。金融市场的参与者如此聪明，如果只对一个市场征收托宾税，而不是在所有外汇市场乃至不同类型的金融市场同时实施托宾税，交易活动就会转移到别的市场或别的国家。此种情况下，尽管征税能对交易行为起到调节作用，但征税的整体效果未必是政策制定者希望看到的。也有人认为，征收托宾税会打击与外汇有关联的实体经济活动。我认为，征税不要一刀切，要根据不同外汇交易目的来分类，区分是否和实体进出口有关，并实行不同的税率。

在中国当前的外汇管制体系下，本质上已经有了托宾税。以个人换汇为例，每人每年用人民币换美元的最高换汇额度为5万美元。这一政策等同于一个5万美元额度以下税率为零、5万美元以上税率无穷大的托宾税。

未来如果要对这一政策作出调整，可以设立几个梯级。这可能利于更好地管理交易行为，而且国家还多了一个税收税源。从这一意义上说，托宾税不是要不要征的问题，而是如何改良征收办法的问题。这方面还需要更多的研究。

但无论如何，要看到如果托宾税真能实现其减少市场波动性和过度短期交易行为的政策目标，不成熟市场无疑蕴含着最大的希望。